増補新版

がま口を作る

イシカワカオル

見てわかる
誰でもきれいに作れるコツと
定番からアレンジまで
がま口バリエーション

Prologue

はじめに

「がま口のどこが好きですか?」と聞かれると、「音と使いやすさと、かわいいカタチ」と答えます。
パチン♪という小気味よい音。
ガマガエルの口が由来だと言われるように、パカッとひらき、中がよく見えて使いやすい。
そしてふっくらとしたカタチ。皆さんはがま口のどこが好きですか?

2019年に『がま口を作る』を出版し、多くの方に手に取っていただけました。そのおかげで、親子口金や天溝押口などの作品を追加し、表紙も新たになった『増補新版 がま口を作る』として発刊の運びとなりました。ありがとうございます。
この本が「はじめまして」の方も、すでにがま口作りをしている方にもさらにがま口作りを楽しんでいただけたら嬉しいです。

私のがま口作りは、大好きな祖母から譲り受けた着物を眠らせずに使えるものにしたいという思いからバッグとがま口を作ったのが始まりです。作り方もよくわからず、独学で試行錯誤して作っていくうちにますますがま口が大好きになり、いろいろな形を作るようになりました。

私が大切にしているのは「美しいカタチ」と「丈夫に作ること」。 がま口を作ったことがある方は、人によっていろいろな作り方があることに「どれが正解なの?」と感じることがあるかもしれません。 料理と同じでどれも正解であり、作っていくうちに自分に合う作り方が見つかるのではないかと私は思っています。

この本には、普段の経験からのちょっとした「コツ」や「ひと手間」と「アイデア」を、私なりにいろいろと詰め込んでみました。 ひとつの口金でパターンを数種掲載していますので、型紙の違いによるがま口の楽しさやおもしろさも感じていただけたら嬉しいです。 そして何より、がま口作りのお役に立てたら幸せです。

私のように古布を使ったアップサイクルや、ご自分のお気に入りの布でのがま口作り、ぜひ楽しんでください。

イシカワカオル

Contents

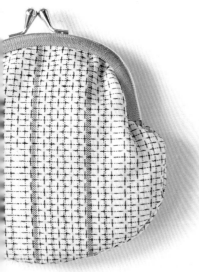

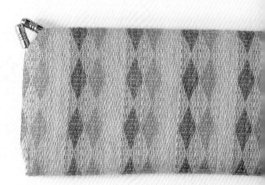

口金について

口金にはいろいろな種類があります。
形や色によって印象が変わるので、自分の好みや布に合わせて選んでください。
ここでは、この本で使用した形を紹介していますが、ほかにもいろいろな形と色があって楽しめます。

1 丸型、くし型　　口がカーブになったタイプ。やわらかくかわいい印象です。
角丸型と丸型、くし型ががま口の定番と言えます。

2 角丸型　　四角い形で角だけが丸くカーブになっています。
口も脇もまっすぐなのでスマートできりっとした印象に。

3 とびこみ玉　　げんこが違い、リングと丸い玉で止めるタイプ。
口金自体の形は角丸型か、丸型。

4 三枚口　　口金が3枚になっていて、間に仕切りができるタイプ。
内側に仕切りだけできるものもありますが、
これは口金自体が3つになっているので片方ずつ口があけられます。

5 親子　　見た目はくし型や角丸型と変わりませんが、あけると中にもうひとつ小さな口金が
あるタイプ。小さな口金で仕切られるので袋が3つになります。

6 天溝　　L字型の口金です。布を入れ込む溝が上向きなので、天溝。
布で口金をくるんで溝に入れるので、表から口金が見えない仕上がりになります。

7 天溝押口　　天溝でげんこがないタイプ。一段低くなっている口金の下に付いている押口金具を
押してあける仕組みです。一段低くなっている口金側を手前にして奥から押口を
押すと簡単にあけられます。

8 持ち手付き　　口金の片側に小さな持ち手が付くタイプ。
ミニバッグのように持って使います。

9 豆丸　　小さい口金を豆と言います。
これは豆の丸型。

口金の色には、ニッケル／銀色、ゴールド／金色などいくつかの種類があります。石目
柄といった模様が入っていたり、溝の幅もさまざまです。また、げんこの形も定番の玉、
らっきょ玉以外に、変わり玉のとびこみ玉、大きなアクリル玉など種類があります。

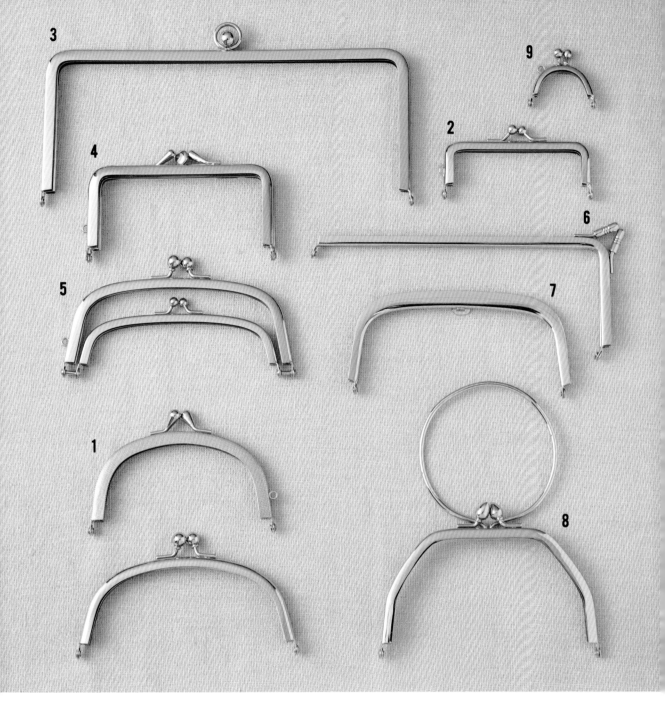

口金の名称とサイズの見方

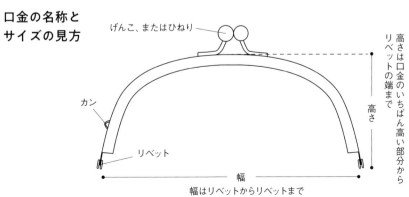

げんこ、またはひねり

カン

リベット

高さは口金のいちばん高い部分からリベットの端まで

高さ

幅

幅はリベットからリベットまで

きれいながま口とは

ここで言う「きれいながま口」とは布選びのセンスではなく、形や口金とのバランスのよさを指します。
あくまでも目安として、完成したときのチェックポイントにしてください。

POINT.1
左右のバランス

中心から左右対称になっているときれいに見えます。
脇と底のカーブが左右対称か。本体を縫って表に
返したときに、布の形を整えておくことも大事です。
布がきちんと出ていなかったり、ちょっとしたことで
口金を入れる作業にも差が出てくることがあります。

POINT.2
口金部分への布の入れ方

布につれた部分がないか、ふくらみ方がほぼ同じか、
ちょっとしたことですが均等に入っているときれいに
見えます。もちろん布や口金にボンドが付いていな
いことは言うまでもありません。ボンドが付いてし
まったときは、すぐにふき取るようにします。内側は、
紙ひもが見えていないこともポイントです。写真のよ
うに、のぞくと少し見えるくらいならOKです。紙ひ
もは奥まで入れすぎると、逆に布が押し出されること
があるので、口金に隠れるくらいがベストです。

POINT.3
脇のあき加減

口金をとじたときにリベットに脇のあきがぴったり添うくらいがきれいです。口をあけると、写真くらいのすき間ができます。内側から見たときも同じです。また、リベットの中心と脇の縫い目が合っているかも確認を。中心が合っていないと、本体自体が前か後ろに傾いてしまいます。

16ページからの基本のがま口の作り方で口金の入れ方を解説しています。ちょっとした確認と調整でずいぶんきれいになります。ボンドを使うと入れている間に乾いてしまうことや布に付いてしまうことが気になってしまいますが、あせらずにゆっくりとがま口作りを楽しんでください。

丸とくし型

口金の角も上部もカーブになっているタイプ。
ころんとしたかわいい雰囲気になります。

おたふくがま口

小さすぎず大きすぎず、いちばんの基本となる形とサイズです。
初めて作る人はここから始めるのがおすすめです。

口金9.9cm
12×13.5cm
HOW TO MAKE 16ページ

大きめ丸ポーチ

おたふくよりも大きな12cmというサイズ。
本体にもダーツをとってふっくらとさせているので、物もたくさん入ります。

口金12cm
14×16cm
HOW TO MAKE 78ページ

しっかり丸底のポーチ

こちらも12cmの口金ですが、げんこに木を使ったタイプ。
本体の口にタックをとり、だ円の底を付けているので
ふっくらと安定した形です。

口金12cm
13×15.5cm
HOW TO MAKE 80ページ

定番がま口バッグ

がま口をバッグにするときに、
シンプルに作れる形です。
口金にカンが付いているので、
好みの持ち手を付けられます。

口金20.4cm
26×32cm
HOW TO MAKE 82ページ

マチ付きがま口バッグ

14ページと同じ口金の色違いを使っています。
横にボリュームを出した形が個性的なので、
チェーンの持ち手でスタイリッシュに。

口金20.4cm
22×35cm
HOW TO MAKE 84ページ

おたふくがま口

11ページのおたふくがま口の作り方です。口金に入れ込む手順やコツはどの口金でも同じですので、この作り方を基本にしてください。特に口が丸いがま口は本体の口の仕立ても同じ場合が多いので、参考にしてください。

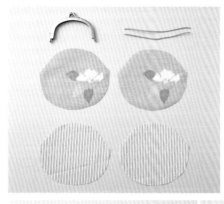

展開図と
実物大型紙は
76ページ

01 本体2枚、中袋2枚、口金、紙ひもを用意します。紙ひもは口金よりも少し長めにカットしておきます。

02 本体の裏には接着芯をはります。裏側に印を付けています。

03 本体2枚を中表に合わせ、脇から下のカーブAをまち針で留めます。脇と底中心の印をきちんと合わせます。

04 脇の印から印までAを縫います。縫い始めと終わりは返し縫いをします。

05 中袋も同様に縫います。中表に合わせてまち針を留め、印から印までAを縫います。

POINT

06 縫い代の端から0.5cmの位置をピンキングばさみでカットします。こうすることで表に返したときにきれいなカーブになります。ピンキングばさみがないときは、縫い代に1cm間隔で切り込みを入れます。縫い目まで入れずに、0.2cm残して切り込みを入れてください。

07 縫い代をアイロンで割ります。縫い目から両側にしっかりと割ります。

08 中袋も本体同様に、縫い代をカットして割ります。

09 本体を表に返します。カーブを内側からなぞってきれいに出します。中袋は裏のままです。

10 中袋に本体を入れて中表に合わせます。脇の印を合わせ、縫い代をよけてまち針で留めます。

11 Bの口の印同士を合わせてまち針で留めます。

12 脇の印から口の印までBを縫います。口の印に向かってなだらかに縫い代がなくなっていきます。

POINT

13 反対側も同様に縫います。表に返したときに脇がつらないように、縫い代をよけて一緒に縫わないようにしてください。

14 4か所が縫えました。縫い残した中央部分が返し口になります。

15 返し口から本体を引き出して表に返します。いちばん遠い底から引き出すとスムーズです。

16 本体と中袋の脇を合わせ、返し口から指を入れて口のカーブをきれいに出します。アイロンで押さえて形を整えます。

17 中心の印を付けます。縫い代に0.5cmほど切り込みを入れます。ペンや鉛筆で線を書いてもかまいません。

18 返し口の裏側に手芸用ボンドを付けて、本体と中袋をはり合わせます。

POINT

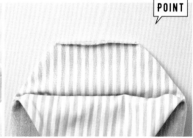

19 返し口の縫い代をカーブに沿って、0.5cmほど中袋側に折ります。こうすることで、口金に入れやすく、抜けにくくなります。

POINT

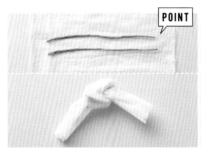

20 ウェットティッシュに紙ひもをくるみ、ひと結びして置いておきます。紙ひもがやわらかくなり、後からよりを戻しやすくなります。

POINT

21 竹べらにボンドをとります。1回のボンドを付ける量はこのくらい。たくさん付けすぎないようにしてください。

22 口金をあけて両脇を持ち、溝にボンドを付けます。溝の手前と奥の両面に付けます。本体に前後がある場合は、後ろから始めます。

POINT

23 竹串で口金の端まできちんとボンドを付けます。竹串を回して転がしながら全体をならすと、ボンドが均等に付きます。

24 はみ出したボンドは、この段階でウェットティッシュでふいておきます。こうすることで布に付く心配が減ります。

25 本体と口金の中心を合わせて入れ、指で押さえます。

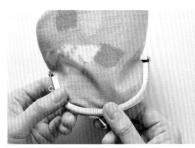

POINT

26 中心を押さえたまま口金を手前にし、布を全部、口金に入れます。自分の入れやすい向きで作業してください。

27 口金と本体の位置を調整します。口金をしめたときにリベットと脇の位置が合うように、表に親指、裏に人差し指と中指を当てて少しずつ引っぱりながら調整します。

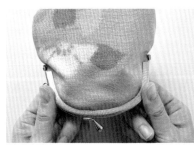

28 口金の両脇を親指で押さえ、裏から人差し指を当てて口のカーブをならし、左右のバランスを整えます。

29 紙ひものよりを戻し、ふわっと巻き直します。ウェットティッシュでくるんでいたのでやわらかくなり、扱いやすくなっています。

30 中袋側から、紙ひもを口金と本体の間に入れ込みます。口金の端0.5cmの位置からモデラで入れ始めます。

POINT

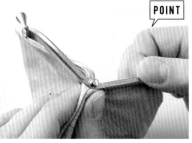

POINT

31 紙ひもを入れ込むのは、口金に隠れるくらいでOKです。奥まで入れすぎると、逆に布が紙ひもに押し出されてしまいます。

32 中央部分は19の折り返しの布が見えないように、紙ひもでくるむようにして入れ込みます。そのまま反対側の脇まで入れます。

33 脇とリベットの位置が合っているか確認します。脇があまっていたら、カーブの角まで紙ひもをはずし、脇の角を押さえて引っぱりながら調整します。

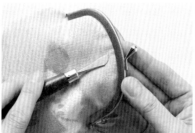

34 余分な紙ひもをカットします。端から0.5cm短くカットし、入れ込みます。

35 表を見て、しわやかたよりをモデラを差し込みながらならして整えます。

36 口金の片方に本体が付きました。もう片方にも同様に本体を入れ込みます。

37 口金をあけて、竹べらでボンドを付けます。

38 口金と本体の中心を合わせて入れ込みます。脇まで入れ込みます。

39 脇とリベットの位置を合わせます。写真では左が先に入れた側、右が今入れている側で未調整です。紙ひもも同様に入れ込みます。

40 きれいに入ったら、口金の脇をつぶして固定します。口金の脇の端を布でくるみ、口金つぶしではさんで内側に少しだけ傾けます。内側の口金だけがつぶれて本体が押さえられます。もし口金に本体を入れ直したい場合は、この前段階で本体をはずしてボンドが乾く前にやり直します。

41 完成です。

CHECK POINT

中心から左右対称の形になっているか。

脇がきちんと合っているか。口をひらくと少しすき間ができ、とじるとぴったりになるくらいが目安です。

角丸型

脇と上部がまっすぐで角が直角になるタイプ。
シャープでかっちりとした印象です。

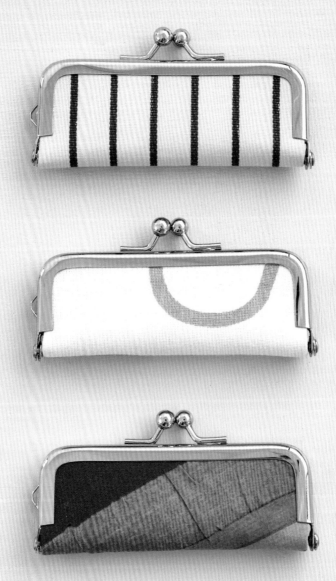

はんこケース

ぺたんこでシンプルな形です。
厚めの接着芯をはって、本体をしっかりさせます。

口金8.4cm
3.3×8.4cm
HOW TO MAKE 86ページ

小物入れ

はんこケースと同じ口金を使用。
マチを付けた分、見た目以上に物が入ります。
コインケースにしても。

口金8.4cm
4×8.4cm
HOW TO MAKE 88ページ

四角ポーチ

使いやすい長方形サイズのポーチです。
口金の高さがあるので、口も大きくひらきます。

口金9cm
11.5×10cm
HOW TO MAKE 90ページ

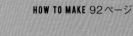

めがねケース

22ページの四角ポーチと同じ口金を使って
めがねケースに。
同じ口金でも本体のサイズによって
ずいぶん変わります。

口金9cm
15.5×8cm
HOW TO MAKE 92ページ

ミニボックス

こちらも22ページの四角ポーチと同じ口金を、
ボックスのように使ったタイプ。
スライサーの芯をはって、かっちりと仕上げます。

口金9cm
6×9×4cm
HOW TO MAKE 30ページ

まったく同じ口金で3タイプを楽しめます。幅自体は大きく変わりませんが、ふっくらさせる加減、高さやマチで変わってきます。ボックスはがま口の袋というよりは箱を作る工作感覚で楽しめます。

大きなシンプルポーチ

正方形に近い、すっきりスマートな形です。
メモ帳や文庫本などもすっぽり入ります。
バッグインバッグとしても使えます。

口金15cm
15.5×17cm
HOW TO MAKE 96ページ

ドロップマチのポーチ

口をとじたときのマチの形がドロップ形。
別マチ仕立てなので、
マチの布を変えたりと布合わせを楽しめます。

口金15cm
11.5×9cm
HOW TO MAKE 32ページ

ほおずきポーチ

4枚の布を接ぎ合わせたら、
ほおずきのような底がふくらんだ
かわいい形になりました。

口金15cm
11.5×16cm
HOW TO MAKE 100ページ

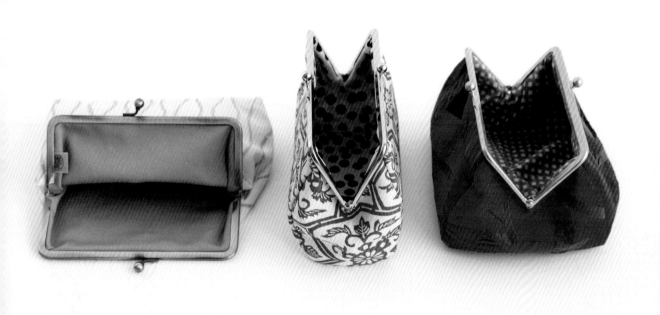

26〜28ページの、大きなシンプルポーチ、
ドロップマチのポーチ、ほおずきポーチはす
べて同じ口金を使っています。どれも大きく
口があくので、こまごました物を入れるのに
も便利です。本体の形によって、口金のひら
き方が変わってきます。

ミニボックスの作り方

24 ページのミニボックスの作り方です。紙の工作と同じイメージで立体のボックスに組み立てます。口金の付け方の基本は16ページと同じです。

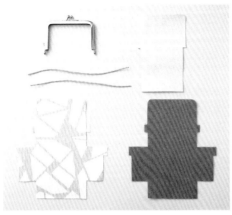

**展開図と
実物大型紙は
94ページ**

01

本体表1枚、本体裏1枚、表にはる厚さ0.8mmスライサー1枚、口金、紙ひもを用意します。型紙には出っ張り部分があるので、切り落とさないように注意を。スライサーはふた、後ろ、底だけにはります。スライサーがない場合は、本体に接着芯を2枚はってもかまいません。

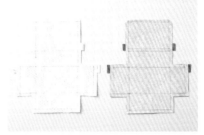

02 本体表と裏にそれぞれ接着芯をはります。表は布タイプ、裏は不織布タイプをはっています。出っ張り部分にははりません。

03 出っ張り部分を折り、手芸用ボンドで接着します。口金のリベット部分になるので、裁ち切りの縫い代が見えないように隠すためのものです。

04 へこんだ角に切り込みを入れます。本体の表、裏のどちらにも入れます。

05 辺同士を中表に合わせて印から印まで縫い、ボックス状の立体にします。底の印を手で折って四角の形にします。

06 後ろの辺は印まで縫ったら、縫い代を斜め45度に縫います。ここの0.5cmが遊びになり口があけやすくなります。

07 前の縫い代を割ります。手芸用ボンドではり、クリップで留めておきます。

08 06で斜めに縫った縫い代の下、印の位置の縫い代に切り込みを入れます。

09 前と同様に縫い代を割り、ボンドではります。ここまでは本体表と裏を同様に作ります。

10 本体裏の、ふた以外の口の縫い代を折ります。手でしっかりと折ってくせを付けます。

11 本体表のふた、後ろ、底に一枚続きのスライサーをはります。

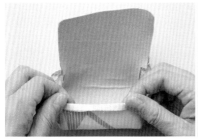

12 本体表を表に返し、ふた以外の口の縫い代を折ります。手でしっかりと折ってくせを付けます。

13 本体表に本体裏を入れ、角を合わせて整えます。縫い代は割った状態で合わせます。

14 口の周囲に両面テープをはり、表と裏をはり合わせます。折った縫い代はクリップではさんでおくとよいでしょう。

15 ボックスの形が出来上がってきました。あとは口金を付けるだけです。ここで紙ひもをウェットティッシュにくるんで準備します。

16 口金をひらき、ふた側から入れます。口金の溝にボンドを付けてふたをそのまままっすぐ入れ込みます。

17 06で斜めに縫った部分がリベットと口金の端の位置になるように合わせます。端から順番に紙ひもを入れます。

18 次に本体側になる口金の溝に竹べらでボンドを付けます。付け方は16ページのおたふくと同じです。

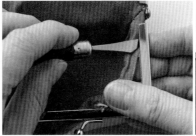

19 本体側の口を口金に入れます。端から順番に縫い代を折った部分を入れていきます。

20 口金の角と本体の縫い目が45度で合わさるように調整します。表と裏から見て、きれいに入っているか確認します。

21 端から順番に紙ひもを入れます。角は手のひらを添えてモデラでしっかり入れ込みます。

22 口金の脇をつぶして固定します。形が四角くなるように、折り線のラインを手でくせを付けて出し、形を整えます。

23 完成です。ふたがきちんとしまるか確認しましょう。

ドロップマチのポーチの作り方

27ページのドロップマチのポーチの作り方です。仕立てのコツや口金の付け方の基本は、16ページの基本のがま口の作り方を参照してください。ここでは主に、角丸口金の付け方のコツを解説しています。

**展開図と
実物大型紙は
98ページ**

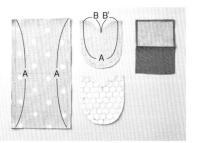

01

本体1枚、本体マチ2枚、中袋本体1枚、中袋マチ2枚、内ポケット1枚、口金、紙ひもを用意します。紙ひもは口金よりも少し長めにカットしておきます。

02

本体と本体マチ、内ポケットの半分に接着芯をはります。内ポケットの接着芯は出来上がりサイズで、縫い代部分にははりません。

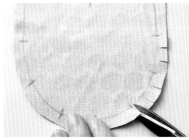

03 マチのカーブの縫い代に1cm間隔で切り込みを入れます。

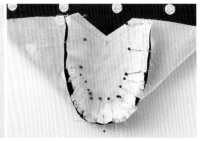

04 本体とマチの底の印を中表に合わせてまち針で留め、順番に合印を口まで合わせて留めます。口から口までAをぐるりと縫います。

05 もう片方のマチも縫い付け、縫い代をピンキングばさみでカットして割ります。表に返してカーブを整えます。

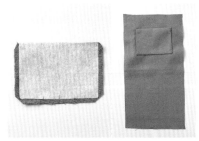

06 内ポケットを中表に二つ折りし、返し口を残して縫います。角をカットして表に返し、中袋本体の口から3.5cmの位置に縫い付けます。

07 中袋を本体と同様に、本体とマチを中表に合わせて縫います。表に返さずにこのままにします。

08 中袋に本体を入れて中表に合わせます。マチの印を合わせてまち針で留め、マチの口同士BとB'を縫います。本体の口が返し口です。

09 マチのV字のへこみに切り込みを入れます。切り込みを入れることで、表に返したときに布がつれなくなります。

10 返し口から表に返します。マチを整えてアイロンできれいに押さえます。

11 マチと本体の角もきちんと合わせます。

12 本体と中袋の縫い代を割っているのを確認し、縫い目を合わせます。角の縫い代を割ることで、厚みが出ないようにします。

13 本体の口に両面テープを付け、本体と中袋をはり合わせます。ボンドでもかまいませんが、長いのでテープのほうが簡単です。

14 本体の口を0.5cm幅で中袋側に折ります。角は縫い代がないので、折らずにそのままでかまいません。

15 口金の溝にボンドを付け、本体と口金の中心を合わせてモデラで入れます。この間、紙ひもはウェットティッシュにくるんで置いておきます。

16 そのまま角まで入れ、角をぐっと入れ込みます。手のひらに角を合わせてモデラで入れ込むと安定します。

17 マチをそのまま入れ込みます。

18 脇とリベットの位置が合っているか確認します。合っていない場合は、少しずつ引っぱって調整します。

19 表から見て、角の入っていない布を入れ込みます。口金の角とマチのラインが45度になるように調整します。

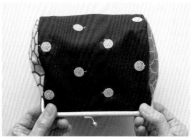

20 反対側の角も入れたら、表から本体の口を両脇に引っぱることできれいになります。

21 紙ひもを端から順番に入れます。角が入れにくい場合は、角でいったんカットして角には入れなくてもかまいません。

22 口の直線部分は折り返しの布を紙ひもでくるむようにして入れ込みます。最後まで入れたら紙ひもをカットし、表と裏からきちんと入っているか確認します。

23 もう片方の口金も付け、口金の角にマチのラインが45度に合っているか、脇とリベットの位置が合っているか確認します。口金の脇をつぶして固定したら完成です。

とびこみ玉

げんこの部分がリングと丸い玉になっている特徴のあるタイプ。
げんこをひねってあけるのではなく、丸い玉を押し出してあけます。

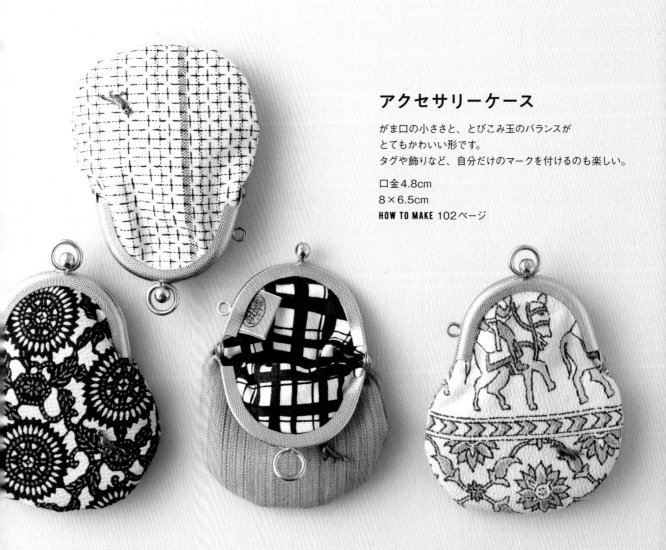

アクセサリーケース

がま口の小ささと、とびこみ玉のバランスが
とてもかわいい形です。
タグや飾りなど、自分だけのマークを付けるのも楽しい。

口金4.8cm
8×6.5cm
HOW TO MAKE 102ページ

丸いペンケース

34ページと同じ口金を使っています。
本体を縦に長くしてペンケース仕様にしました。

口金 4.8cm
17.4×7cm
HOW TO MAKE 103ページ

クラッチバッグ

シンプルな長方形と太いストライプが角丸型の口金にぴったりです。
口金は少しピンクがかったゴールドで上品に。

口金21cm
27×23cm
HOW TO MAKE 104ページ

三枚口

名前のとおり、口金が3枚になっているので間に仕切りができるタイプ。
ただ仕切りができるのではなく、片方ずつあけられるので便利です。

おさいふ

手のひらにちょうどおさまるサイズのおさいふです。
左はたくさん入るように型紙の底を少し広くした形です。

口金10.5cm
左10×14.8cm 右9×13cm
HOW TO MAKE 106ページ

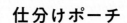

仕分けポーチ

三枚口ならではの分けて
入れることができるポーチです。
底にダーツをとっているので、
ふっくらと持ちやすい形です。

口金16.8cm
13.5×21.5cm
HOW TO MAKE 42ページ

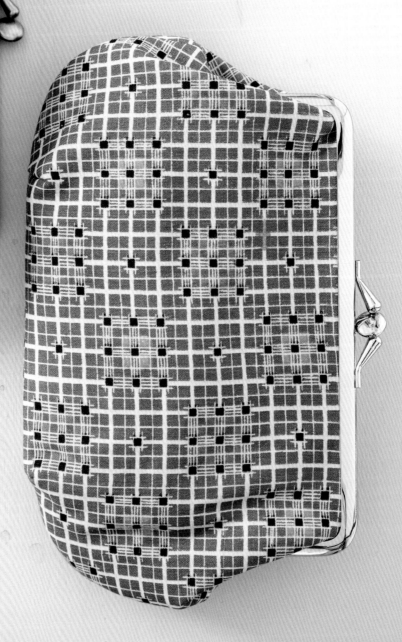

上の2つは同じ口金ですが、
底の形を変えるだけでずいぶ
ん大きさが変わります。

三枚口の仕分けポーチの作り方

40ページの仕分けポーチの作り方です。三枚口の口金を使っているので、中心の仕切り、本体2枚の順に3か所に入れ込みます。口金の付け方の基本は16ページと同じです。

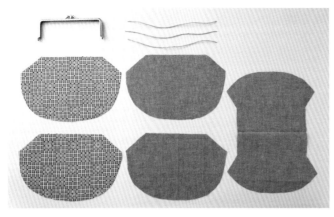

展開図と
実物大型紙は
110ページ

01
本体2枚、中袋本体2枚、仕切り1枚、口金、紙ひもを用意します。紙ひもは3本で、口金よりも長めにカットしておきます。

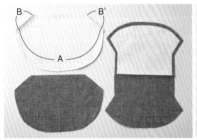

02 本体と仕切りの半分に接着芯をはります。仕切りの接着芯は縫い代部分にははりません。

03 ダーツを縫います。ダーツ部分を中表に合わせて折り、印を縫います。

04 本体2枚の4か所のダーツを縫います。

05 本体を中表に合わせます。ダーツは厚みが出ないように、互い違いに倒して印を合わせてまち針で留めます。

06 底のカーブを合わせて印から印までAを縫います。ダーツの縫い代は1枚は内側に倒したら、もう1枚は外側に倒します。

07 縫い代をピンキングばさみでカットします。ピンキングばさみがないときは、切り込みを入れます。

08 縫い代を割ります。手で割ってからアイロンで押さえてしっかりと倒します。

09 表に返して形を整えます。内側に手を入れて、しっかりと押し出すように整えます。

10 中袋も本体同様にダーツを縫います。

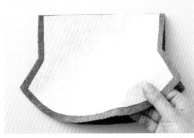

11 仕切りを中表に二つ折りします。直線部分が口になります。

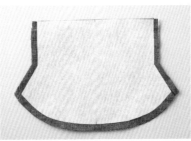

12 印を合わせて、脇を口から縫い代の端まで縫い切ります。下のカーブは縫わずにそのまま残します。

13 へこみ部分に切り込みを入れます。口の角の縫い代の余分はカットします。

14 表に返します。口の角をきれいに出し、アイロンで押さえて整えます。

15 中袋2枚を中表に合わせ、間に仕切りをはさみます。底のカーブの中心の印を合わせます。

16 底の中心、ダーツ、脇の印を合わせてまち針で留め、その間も印を合わせて留めます。

17 底のカーブを印から印まで縫い、縫い代をピンキングばさみでカットします。

18 中袋の間に仕切りがはさまっている状態です。

19 中袋に本体を入れて中表に合わせます。仕切りはどちらに倒してもかまいません。脇を合わせます。

20 脇の印から口の印まで合わせてBとB'を縫います。縫い代はよけて一緒に縫わないようにします。4か所を同様に縫います。

21 口の中央部分が返し口になります。返し口に手を入れて、いちばん遠い底を引き出して表に返します。

22 本体と中袋の脇を合わせ、口のカーブをきれいに整えます。アイロンで押さえて形を出します。

23 中心の印を付けます。縫い代に0.5cmほど切り込みを入れます。鉛筆で印を書いてもかまいません。

24 返し口の縫い代の裏側に両面テープをはり、本体と中袋をはり合わせます。

25 返し口の縫い代を0.5cmほど中袋側に折ります。こうすることで口金に入れやすく、抜けにくくなります。

26 仕切りから口金に入れ込むので、サイズが合うか確認します。ここで紙ひもはウェットティッシュにくるんでおきます。

27 仕切りの口金の溝に、竹べらでボンドを付けます。端は竹串を使い、竹串を転がして全体にむらなく付けます。

28 仕切りを口金にまっすぐ入れ込みます。サイズがぴったりなのでそのまま入るはずです。

29 本体の前と後ろを決め、後ろ側の仕切りに紙ひもを入れます。端から順に入れ込み、押し込みすぎないようにします。入れ方は33ページ参照。

30 紙ひもを入れたら口金の脇をつぶして固定します。

31 本体の口金の溝にボンドを付けます。このとき本体を折り返してクリップで留めておくとじゃまになりません。

32 33ページの角丸型の入れ方と同様に本体を入れ込み、紙ひもを入れます。きれいに入ったら口金の脇をつぶして固定します。

33 完成です。きれいにできているか45ページのポイントをチェックしてみてください。

口金がきれいに入れられたかのチェックポイントです。最後に確認してみてください。

30ページ　ミニボックス

後ろの角の斜めの縫い目が口金の端とリベットに合っているか。ずれるとボックスのゆがみになります。

前の角が、口金の角と縫い目が45度で合っているか。角の中心に接ぎ目がくることで、きれいなボックスになります。

32ページ　ドロップマチのポーチ

本体とマチの接ぎ目が、口金の角と45度で合っているか。左右とも角の中心に接ぎ目がきているとバランスもきれいに見えます。

脇がきちんと合っているか。内側に布が入り込むので目立ちにくいですが、マチがポイントになるデザインなのできれいに見えるように確認を。

42ページ　三枚口の仕分けポーチ

脇がきちんと合っているか。口をひらくと少しすき間ができ、とじるとぴったりになるくらいが目安です。内側は、仕切りが本体の中央にきているかを確認します。

仕切りが口金とぴったりサイズか。小さくならないように注意します。

本体のダーツが底でぴったり合っているか。ダーツの接ぎ目が合っている方がきれいです。

56ページ　天溝の四角ペンケース

脇がきちんと合っているか。天溝タイプはあきすぎるときれいに見えません。

角のカーブがきれいか。57ページのように表からもモデラで整えます。

上側の口金の端が、布とまっすぐになっているか。端の布の入れ具合で変わってきます。

親子

外側のがま口の中に小さながま口が入るタイプ。
大小のがま口なので親子と呼ばれます。口金自体はつながっているので
袋を付けるときは片方のがま口をよけながら付けるのにコツが必要です。

親子のポーチ

内側がきつくならないように外側の袋の底に
ダーツをとってふっくらとさせ、余裕を持たせています。
中袋と内側の口金をあけたときの布合わせを楽しんでください。

口金 13cm
13×16cm
HOW TO MAKE 50ページ

しっかりバッグ

カンが付いた口金を使えばバッグになります。
ポーチやクラッチバッグは
中の口金の底を外の中袋と
一緒に縫い込みますが、
バッグは内側の底が
独立しています。

口金20.4cm
24.5×25cm
HOW TO MAKE
116ページ

クラッチバッグ

口に少しギャザーをよせたかわいい形です。
バッグほど袋部分が大きくありませんが、
見た目よりも物が入ります。

口金 20.4cm
17 × 25cm
HOW TO MAKE 114 ページ

親子のポーチの作り方

46ページのポーチの作り方です。まず内側の口金に入れてから、外側の口金に入れます。口金の付け方の基本は16ページと同じです。

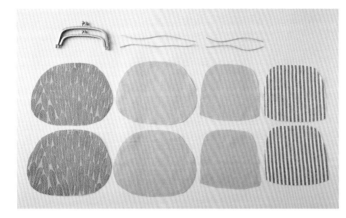

展開図と
実物大型紙は
112ページ

01
本体2枚、中袋A（本体の中袋）2枚、中袋B（内側の口金の本体）2枚、中々袋（内側の口金の中袋）2枚、口金、紙ひもを用意します。紙ひもは4本でそれぞれの口金よりも長めにカットしておきます。本体の裏全面に接着芯をはり、中袋と中々袋にははりません。

02 42ページの03〜08を参照して本体を縫います。表に返して、内側に手を入れてしっかりと押し出すようにして形を整えます。中袋Aはダーツのみ縫っておきます。

03 中袋Bと中々袋をそれぞれ縫います。2枚を中表に合わせて印から下の両脇を縫います。

04 縫い代をピンキングばさみでカットし、アイロンで押さえて割ります。中に布などを丸めて当て、やけどしないようにしてください。

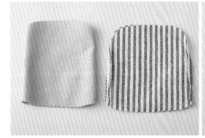

05 中袋Bのみを表に返します。中々袋は裏が表になっている状態のままです。

06 中袋Bと中々袋を中表に合わせ、印から印まで口を縫います。ここが口金に入れる部分です。

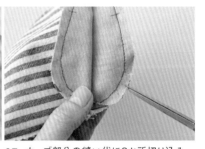

07 カーブ部分の縫い代に3か所切り込みを入れて表に返します。口の部分の形を整えます。

08 中袋Bと中々袋の脇を合わせます。内側のがま口の底を浅くしたい場合は、ここで2枚合わせて底を縫っておきます。

09 中袋A2枚を中表に合わせ、間に08で中々袋と縫い合わせて袋状にした中袋Bをはさみます。まず底中心の印を合わせてまち針で留めます。

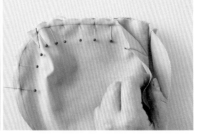

10 底中心から脇の印までを半分ずつ合わせてまち針で留めます。中袋Bはダーツからダーツの間にはさまれます。

11 印から印まで底を縫います。ダーツは厚みが出ないように、2枚で互い違いに倒してください。縫い代をピンキングばさみでカットします。

12 縫い代を割り、アイロンで押さえてしっかりと割ります。中々袋までしっかりと割ります。

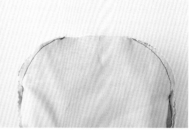

13 12で内側の袋と一緒になった中袋Aと本体を中表に合わせ、脇の印から口の印までを合わせてBとB'を縫います。縫い代はよけて一緒に縫わないようにします。

14 口の返し口から表に返して形を整え、口の中心の印に切り込みを入れます。裏側に手芸用ボンドを付けて本体と中袋Aをはり合わせます。

15 返し口の縫い代を0.5cmほど中袋A側に折ります。こうすることで口金に入れやすく、抜けにくくなります。

16 内側の口金の溝にボンドを付けます。竹串を回転させながら、溝の手前と奥の両面に均等に付けます。

17 中袋Bは口金のサイズと同じなので、そのまま差し込めば合います。口金の開きに注意して、逆側の口金に差し込まないようにしてください。

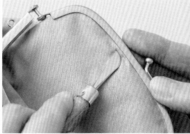

18 口金の手前の布を少し引っ掛けるようにして、モデラで押して入れます。口に縫い代の厚みがあるので、本体のように口を折らなくても大丈夫です。

19 基本と同様に、中々袋側から紙ひもを入れ込みます。口金と中袋Bの位置は、リベットと脇のあきがぴったりと合うくらいが目安です。

20 きれいに入ったら口金の脇をつぶして固定します。口金つぶしではさんで内側に少しだけ傾けます。

21 内側の口金が入ったら、本体の口金を付けます。内側と同様に溝にボンドを付けます。内側のがま口にボンドが付かないように下に倒してよけておきます。

22 同様に口金を付ければ完成です。

天溝

表から口金が見えないタイプです。
L型で角にげんこがあるのも、ほかの口金とは違います。

四角ペンケース

天溝ならではのすっきりした仕上がり。
見た目よりもたっぷり入ります。

口金16.5cm
7.5×18.5cm
HOW TO MAKE 56ページ

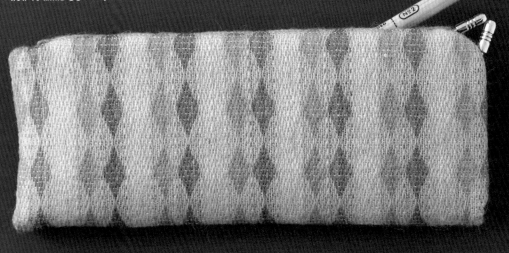

おさいふ

お札と小さなポケットが付いているので
少しの小銭が入れられます。
カードやチケット入れにしても。
52ページと同じ口金を使っています。

口金16.5cm
9.7×18.5cm
HOW TO MAKE 118ページ

クラッチバッグ大小

使っている口金はどちらも同じで、本体の大きさを変えただけ。
上は正方形のサイズなので、口を折って持つこともできます。
少し厚手の布を使いました。

口金24cm
小17×25.5cm　**HOW TO MAKE** 120ページ
大30×30cm　**HOW TO MAKE** 122ページ

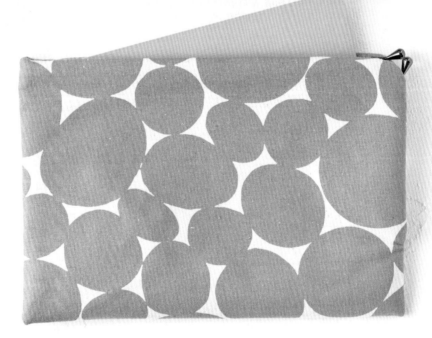

天溝の四角ペンケースの作り方

52ページの四角ペンケースの作り方です。天溝の口金は、溝が上になっているので口金をくるむようにして布を入れます。表から口金が見えない仕上がりになります。

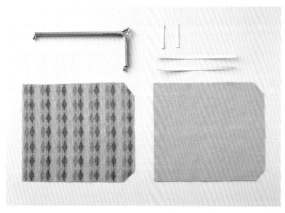

**展開図と
実物大型紙は
109ページ**

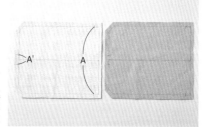

01
本体1枚、中袋1枚（ここではエクセーヌというスエードのような人工皮革を使用）、口金、口金の幅にカットしたスライサー大小（口金の短辺と長辺に合わせてカット）を用意します。紙ひもは使いません。

02 本体の裏に接着芯を全面にはります。本体と中袋の裏に印を付けておきます。左のカットされている角に口金のげんこがきます。

03 本体と中袋をそれぞれ中表に合わせ、口金が付かない脇を上の印から底までAを縫います。

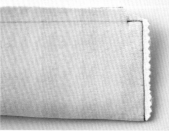

04 本体の縫い代をピンキングばさみでカットし、角を斜めにカットします。中袋はエクセーヌを使っているので、角のみカットします。

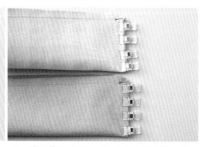

05 縫い代に手芸用ボンドを付けて縫い代を割って接着します。クリップで留めておくとくせが付きやすいです。

06 本体を表に返し、中袋と中表に合わせます。口金側の脇の印と底を合わせてまち針で留めます。

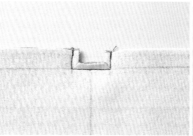

07 コの字にA'を縫います。縫い代0.5cmを残して余分な縫い代をカットします。角には切り込みを入れます。

08 表に返して縫った部分を整えます。ここが底の輪になります。

09 03で縫った脇を合わせます。口の縫い代を45度に折って、角の縫い目を合わせます。

10 折った部分に2本取りの糸でステッチをします。布に合わせて糸の色を選んでください。

11 ステッチができました。ここの部分と口金のリベットが合います。

12 本体の裏に両面テープをはります。縫い代ではなく、本体にはります。角ははらずに残しておきます。

13 テープのはくり紙をはがし、本体と中袋をはり合わせます。ずれないようにぴったりとはり合わせます。

14 出来上がり線で縫い代を折ってクリップで留め、折り目を付けます。口金に入れるときのガイドラインになります。

15 口金の溝にスライサーをはります。少しずつはくり紙をはがし、溝の外側に合わせて目打ちで入れながらはります。

16 短辺と長辺のそれぞれにはります。角にははりません。

17 口金の溝に竹串でボンドを付け、中袋側の折り目に沿って口金を重ねて短辺の底の端から順に本体を入れ込みます。

18 角まで入れたら親指で布を押してすき間をなくします。

19 短辺だけ入れた状態だと抜ける場合があるので、クリップではさんで留めておきます。

20 次に長辺を入れます。口金をややとじ気味にしてしっかりと押さえ、反対の端から同様に入れていきます。

21 長辺を入れたら短辺同様に親指で押してすき間をなくします。角を押し込むようにして入れます。

22 表からも見て、モデラを差し込んで整えます。入らない場合は、布にボンドがとられている場合があるので、ボンドを少し追加して入れます。

23 もう片方の口金にも同様に入れます。最後に脇を押さえます。天溝口金は溝が上になるので、外側にペンチを少し倒します。これで完成です。

口金の溝が上向きでげんこがないのですっきりとした見た目です。
口金の一段低くなっているほうが前になります。

ポーチ小

手のひらくらいの小さくてかわいいサイズ感です。
小銭入れにもちょうどいい大きさです。

口金9cm　9×11cm
HOW TO MAKE 60ページ

ポーチ大

ポーチ小よりもひとつ大きなサイズの口金を使います。
小と同じ布を使って大小でお揃いにしました。

口金12.6cm　12×15cm
HOW TO MAKE 60ページ

天溝押口のポーチの作り方

59ページのポーチ大の作り方です。ポーチ小もサイズが違うだけで作り方は同じです。口金の入れ方は57ページと
同じですが溝にスライサーははらずに、ハンマーで叩いて溝をとじ合わせます。

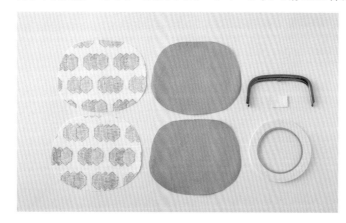

**展開図と
実物大型紙は
124ページ**

01
本体2枚、中袋2枚、口金、押口が当た
る部分にはるスライサー2.5×2cm1
枚、両面テープを用意します。紙ひも
は使いません。本体の裏全面に接着
芯をはり、中袋にははりません。

02 本体と中袋をそれぞれ縫います。2枚を
中表に合わせて印から印まで底を縫い
ます。縫い代をピンキングばさみでカッ
トし、縫い代を割ります。

03 後ろ側の中袋の裏に口金のガイドライ
ンを描きます。型紙を口から0.8cm下
に合わせ、口のカーブに沿って印を付
けます。

04 押口部分に付けるスライサーにも型紙
を合わせ、口のカーブに合わせてスライ
サーの端に印を付けてカットします。

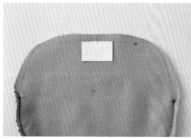

05 後ろ側の中袋とスライサーの中心を合
わせ、印に沿ってはります。

06 本体と中袋を中表に合わせ、脇をしっ
かり合わせます。

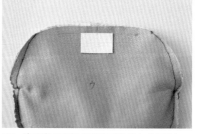

07 脇の印から口の印までを合わせてBと
B'を縫います。縫い代はよけて一緒に
縫わないようにします。

08 口の返し口から表に返し、本体と中袋
の底の縫い目を合わせて整えます。

09 口の中心の印に切り込みを入れ、裏
側に手芸用ボンドを付けて本体と中
袋をはり合わせます。返し口の縫い代
を0.8cmに切りそろえて中袋側に折
ります。

10 口金の表側に仮止め用の両面テープを
はります。

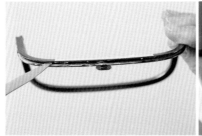

11 口金の溝に、竹べらでボンドを付けます。全体にむらなく付けてください。

12 前側の口金から入れます。口金の両面テープのはくり紙をはがし、中心の印を合わせて前側の中袋にはります。中心からモデラで溝に入れ込みます。

13 長辺が入ったら脇をあき止まりに自然につながるように入れ込みます。クリップではさんで留めておくと安心です。最後に角を入れ込みますが、ボンドが足りない場合は溝に追加します。

14 ボンドが乾かないうちにバランスを見て調整します。

15 モデラを差し込んで、布の幅や左右を均等に整えます。

16 後ろ側は口の中心の切り込みと押口金具を合わせて入れ込みます。

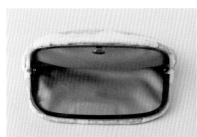

17 前後とも口金が付きました。まだ少し口金の溝にすき間がある状態です。

18 口金の脇をつぶして固定します。口金つぶしではさんで内側に少しだけ傾けます。

19 ゴム板に口金を乗せ、溝の縁部分だけに当たるようにプラスチックハンマーを斜めに合わせて叩きます。押口金具をつぶさないように注意してください。

20 左側が叩いて溝をとじた状態です。

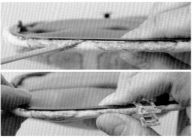

21 まだすき間がある場合は、すき間に竹串でボンドを入れ込み、指で布を押してすき間を埋めます。

22 完成です。

持ち手付き

片側にリングの持ち手が付いたパーティーバッグタイプです。
持ち手は使わないときは下げられるようになっています。

三角のミニバッグ

口にタックをとってふんわりとさせ、
丸い底を付けました。
円柱形なので小さくても、必要なものは入ります。

口金12cm
15.5×13cm
HOW TO MAKE 126ページ

丸のミニバッグ

口金も本体の形も62ページとまったく同じです。
持ち手の形と色、本体の布が違うだけで
ずいぶん印象が変わります。

口金12cm
15.5×13cm
HOW TO MAKE 126ページ

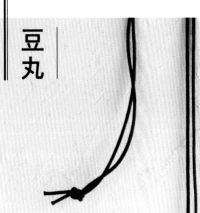

豆丸

特別に小さい口金です。
小さいサイズは作るのが少し難しいので、
慣れてきてからチャレンジするのがおすすめです。
このサイズならカンに長いひもを通して、かけてもかわいい。

豆がま口

とにかく小さくてかわいい豆がま口。
残りぎれで作れるので、
大事な布も最後まで使い切れそうです。

口金3.6cm
4.5×5.5cm
HOW TO MAKE 95ページ

本体と中袋の布合わせ

表に和布やヴィンテージの布を使うことが多いので、中袋
には無地、ストライプ、チェック、市販のプリントを使っ
ています。人工皮革のエクセーヌは、スエードのような質
感で手触りがいいので、少し高いですが気に入っています。
本体と中袋のイメージを合わせるか、あけたときの意外性
を楽しむか、組み合わせを楽しんで選んでください。内ポ
ケットは好みで付けてください。

道具と材料

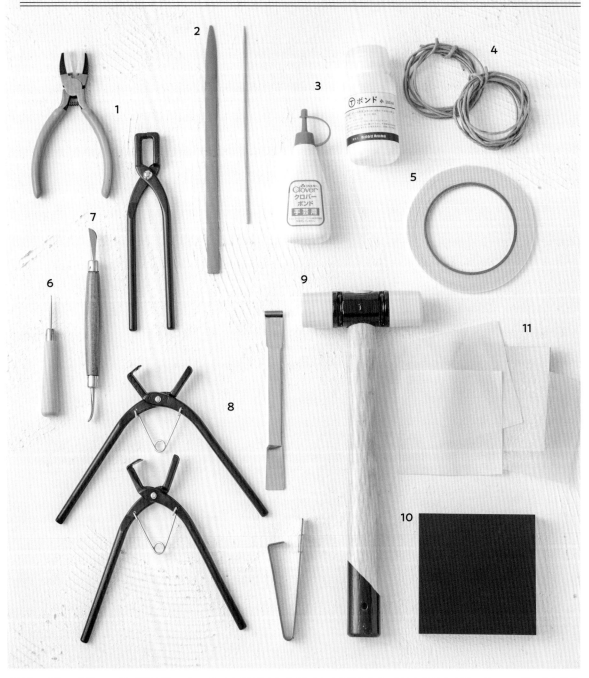

1.口金つぶし 左はペンチに樹脂が付いているので布をはさまなくてもそのまま使えます。右は本格的な専用工具。 **2.竹べらと竹串**
口金の溝にボンドを付けるときに使います。 **3.ボンド** 左は手芸用ボンド。布をはり合わせたりするときに使います。右は口金専用。
手芸用ボンドに比べてかためで接着力が強いのが特徴です。 **4.紙ひも** 基本は10号（約1.8mm）の太さのものを使います。口金のサ
イズや布の厚みによって15号（約2.2mm）と使い分けてください。 **5.両面テープ** 天溝の口金を付けるときに使います。 **6.目打ち**
7.モデラ 口金入れと同様に、口金に布を入れ込むときに使います。細かい作業にも使いやすい。 **8.口金入れ** 左は本格的な専用
工具で、細幅と広幅があります。右下はもっとシンプルなタイプ。右上はキメネンという天溝口金のはめ込みに優れたタイプ。 **9.プラス
チックハンマー** 天溝押口の口金に使います。 **10.ゴム板** プラスチックハンマーを使うときに敷きます。 **11.接着芯** 左から厚
手の布タイプ、中厚の布タイプ、スライサー、薄手の不織布タイプ。スライサーは裏がシールになっているので、はくり紙をはがして接着しま
す。ほかは裏に接着樹脂が付いているのでアイロンで接着します。

この本で使った口金

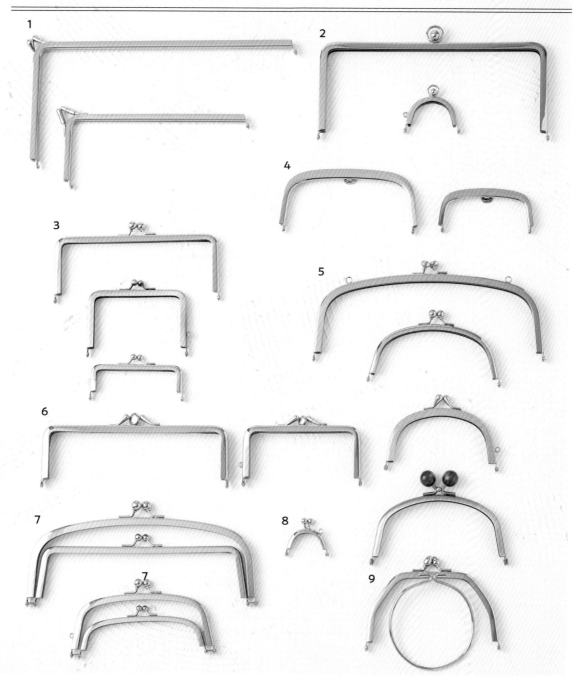

1.天溝 F81／24cmL型、F70／16.5cmL型　**2.とびこみ玉**　F116／21cm角丸型、F201／4.8cm丸型　**3.角丸型**　F24／15cm、F21／9cm、F20／8.4cm　**4.天溝押口**　F152／12.6cmくし型、F151／9cmくし型　**5.丸とくし型**　F73／20.4cm、F8／12cm、F203／9.9cm、F402／12cm　**6.三枚口**　F112／16.8cm、F111／10.5cm　**7.親子**　F80／20.4cmくし型（カン付きはF74）、F63／13cmくし型　**8.豆丸**　F78／3.6cm　**9.持ち手付き**　F114／12cm

口金の色は、布に合わせて選びます。

※口金は廃盤になることがあります。

口金と型紙の関係

がま口の型紙と縫い代は、口金の形、袋の形、口金まわりのデザイン、袋の縫い代の始末のしかたによって違ってきます。型紙は、口金の幅と高さに合わせて作られているので、記載されている口金と同じ口金を使えばいちばん簡単です。しかし「掲載している型紙を使って近いサイズの違う口金を使いたい」「同じ口金で袋の形を変えたい」「口金まわりのデザインを変えたい」などのアレンジをしたい場合は、どういうがま口を作りたいかによって型紙の修正方法がそれぞれ違ってきます。基本的な修正方法を解説します。

1 同じ口金と型紙で、違う袋の形を作る→型紙下部の変更

同じ口金であれば、型紙の縫い止まりの印より下の部分は、長さやマチを好きな形に変更ができます。
角丸型口金の方が修正が簡単です。丸型はダーツの位置や袋の形によりがま口の雰囲気が変わります。図はがま口の基本、本体2枚を縫い合わせる場合の変更方法です。

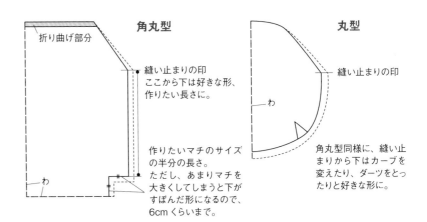

角丸型

折り曲げ部分

縫い止まりの印
ここから下は好きな形、作りたい長さに。

作りたいマチのサイズの半分の長さ。
ただし、あまりマチを大きくしてしまうと下がすぼんだ形になるので、6cmくらいまで。

わ

丸型

縫い止まりの印

わ

角丸型同様に、縫い止まりから下はカーブを変えたり、ダーツをとったりと好きな形に。

2 同じ型紙で違う口金を使う→型紙上部の変更

口金の幅が違う場合は、口金の幅に合わせて型紙の幅を変えます。口金の高さが違う場合は、図のように縫い止まりの印の位置を変えます。長い場合は縫い止まり位置を下（B）に、短い場合は縫い止まり位置を上（C）に変えます。
1と同様、角丸型の口金の方が丸やくし型の口金よりも型紙調整が簡単です。

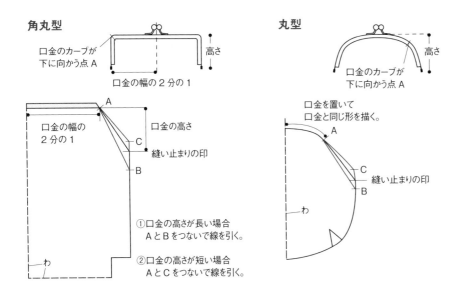

角丸型

口金のカーブが下に向かう点A
口金の幅の2分の1

高さ

口金の幅の2分の1
A
口金の高さ
C
縫い止まりの印
B

わ

①口金の高さが長い場合
　AとBをつないで線を引く。

②口金の高さが短い場合
　AとCをつないで線を引く。

丸型

口金のカーブが下に向かう点A
高さ

口金を置いて口金と同じ形を描く。
A
C
縫い止まりの印
B

わ

3 口金まわりの雰囲気、形を変えたい→型紙上部の変更

同じ口金でも口金まわりの型紙のカーブを変えると雰囲気が変わります。すっきりとした印象から、口金にかかる布が増えるとぷっくりとした印象になります。また、タックなどを入れたい場合はタック分の布の幅を型紙にたします。

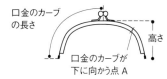

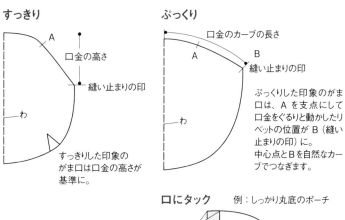

すっきり

口金の高さ

縫い止まりの印

すっきりした印象のがま口は口金の高さが基準に。

ぷっくり

口金のカーブの長さ

B

縫い止まりの印

ぷっくりした印象のがま口は、Aを支点にして口金をぐるりと動かしたリベットの位置がB（縫い止まりの印）に。
中心点とBを自然なカーブでつなぎます。

口にタック　　例：しっかり丸底のポーチ

タックの2分の1の幅を型紙にたす

わ

自分で型紙を作りたい場合は、1〜3を組み合わせて考えます。
まずは掲載の型紙から始めて、慣れたらオリジナルの型紙作りに挑戦してみてください。

型紙の縫い代、袋の縫い代の始末について

型紙の縫い代の上部は、角丸型は裁ち切り（切りっぱなし）、丸やくし型は上に向かって少なくなっています。これは余分な布がありすぎると口金に入れるときに形がきれいに仕上がりにくいからです。また、しっかりと丈夫に作るために布の折り曲げ部分を作っているためでもあります。

布や革など使う素材によっても型紙と縫い代は違ってきます。本書の作り方は基本的に布を使っています。布のやわらかさは多少の誤差を調節してくれるので、のびのびとがま口作りを楽しんでもらえたらと思います。

素材も質感もさまざまな和布。ほとんどが着物だったものです。おもしろい柄が多く、柄の取り方でさらに楽しみが広がります。

和洋のヴィンテージの布。和布と違いコットンが主なので鮮やかな色のものが多く、幾何学模様やパターンは魅力的です。

オーダーを受けているので布帖を作っています。自分の持っている布を把握できて便利です。そして何より、見ているだけでも楽しい。

HOW TO MAKE

- 図中の数字の単位はcmです。
- 型紙は縫い代が付いているので、裁ち切りでカットしてください。実線が出来上がり線、破線が縫い代分です。
- 布などの用尺は少し余裕をもたせています。本体用布には古い着物やヴィンテージファブリック、cocca（コッカ）の布を使っています。表記のないものは、古い着物かヴィンテージファブリックです。
- 指示のない点線は、縫い目、ステッチのラインを示しています。
- 拡大率の記載のないものは実物大です。拡大率のあるものは、記載の倍率に拡大コピーしてご使用ください。
- 基本のがま口の作り方は16ページを参照してください。ここに口金を付ける手順やポイントを詳しく解説しています。また、30ページと32ページは角丸型、42ページは三枚口、50ページは親子、56ページは天溝、60ページは天溝押口の口金を使った解説をしていますので参照してください。
- 作品の出来上がりは、図の寸法と多少の差が出ることがあります。
- 口金はすべて角田商店の口金を使用しています。問い合わせ先は128ページに掲載しています。
- 口金の品番とサイズを記載していますので、メーカーが違う口金を使うときはサイズの近い口金を選んでください。口金の色は好みや布に合わせて選んでください。
- 防水スプレーをかけておくと汚れが付きにくくなり、おすすめです。その際は、口金に防水剤が付かないように、口金を入れる前にスプレーしてください。

P.11 おたふくがま口

材料

本体用布35×20cm　中袋用布35×20cm
接着芯(中厚)35×20cm
口金幅9.9×5.8cm(F203／9.9cmくし型)1個
紙ひも適宜

出来上がり寸法

12×13.5cm

作り方のポイント

▶作り方は16ページ参照。

作り方

1　本体に接着芯をはり、中袋には接着芯をはらずにカットする。

2　本体2枚を中表に合わせて印から印までAを縫う。中袋も同様に縫う。

3　本体を表に返して中袋と中表に合わせ、B(B')を縫う。

4　表に返して形を整え、返し口をボンドではって折り、17ページを参考に口金をはめ込む。

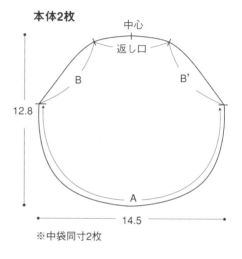

本体2枚

中心

返し口

B　　B'

12.8

A

14.5

※中袋同寸2枚

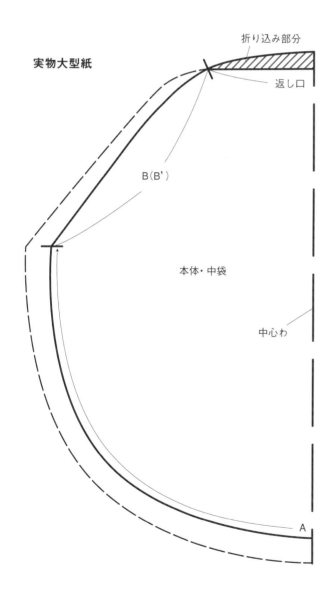

実物大型紙

折り込み部分

返し口

B(B')

本体・中袋

中心わ

A

おたふくがま口ぷっくりタイプ（71ページ参照）実物大型紙

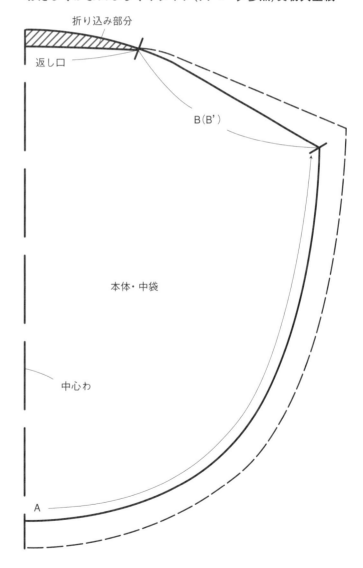

折り込み部分

返し口

B（B'）

本体・中袋

中心わ

A

P.12 大きめ丸ポーチ

材料

本体用布 45×20cm　中袋用布 45×20cm
接着芯(中厚) 45×20cm
口金幅12×5.4cm(F8／12cmくし型) 1個
紙ひも適宜

出来上がり寸法

14×16cm

作り方のポイント

▶作り方は16ページ参照。
▶縫い代はピンキングばさみでカットするか切り込みを入れて割る。
▶ダーツの縫い代は本体の前後で互い違いに倒す。

作り方

1　本体に接着芯をはり、中袋には接着芯をはらずにカットする。
2　ダーツを縫う。
3　本体2枚を中表に合わせて印から印までAを縫う。中袋も同様に縫う。
4　本体を表に返して中袋と中表に合わせ、B(B')を縫う。
5　表に返して形を整え、返し口をボンドではって折り、17ページを参考に口金をはめ込む。

本体 2枚

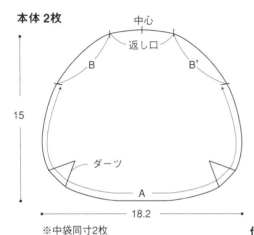

15
18.2

※中袋同寸2枚

作り方

本体2枚の裏にそれぞれ接着芯をはる

本体のダーツをつまんで縫う
中袋も同様に縫う

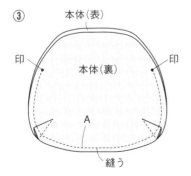

本体2枚を中表に合わせ、
印から印までAを縫う
中袋も同様に縫う

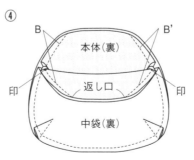

本体と中袋を中表に合わせ、
返し口を残してB(B')を縫う

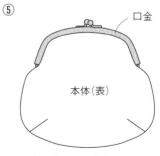

表に返して口金をはめ込む

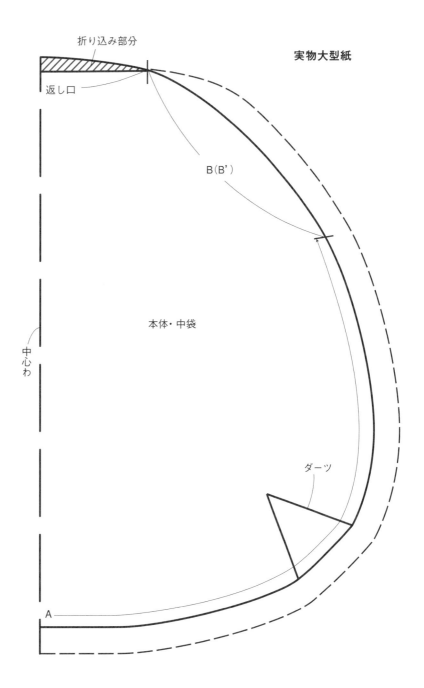

折り込み部分

実物大型紙

返し口

B（B'）

本体・中袋

中心わ

ダーツ

A

P.13 しっかり丸底のポーチ

材料

本体用布 25×35cm　底用布 20×15cm

中袋用布 25×45cm

接着芯(中厚) 25×35cm

口金幅 12×6cm(F402/12cmくし型) 1個

紙ひも適宜

出来上がり寸法

13×15.5cm

作り方のポイント

▶作り方は16ページ参照。

▶縫い代はピンキングばさみでカットするか切り込みを入れて割る。

作り方

1 本体と底に接着芯をはり、中袋には接着芯をはらずにカットする。

2 本体2枚を中表に合わせて印から印までA(A')を縫う。

3 本体と底を中表に合わせて縫う。中袋も同様に縫う。

4 本体を表に返して中袋と中表に合わせ、B(B')を縫う。

5 表に返して形を整え、返し口をボンドではってタックを寄せる。

6 17ページを参考に口金をはめ込む。

本体 2枚

返し口

中心

タック

B　B'

13.7

A　A'

20

※中袋同寸2枚

底 1枚

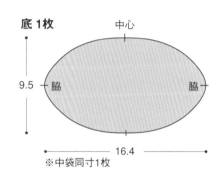

中心

9.5　脇　脇

16.4

※中袋同寸1枚

作り方

① 接着芯　本体(裏)　出来上がり線

本体2枚の裏に接着芯をはる
底も同様にはる

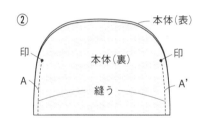

② 本体(表)　印　本体(裏)　印　A　A'　縫う

本体2枚を中表に合わせ、
印から印までA(A')を縫う
中袋も同様に縫う

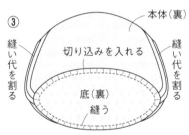

③ 本体(裏)　縫い代を割る　切り込みを入れる　縫い代を割る　底(裏)　縫う

両脇の縫い代を割り、
底を中表に合わせて縫い合わせる
底の縫い代に1cm間隔で切り込みを入れる
中袋も同様に縫う

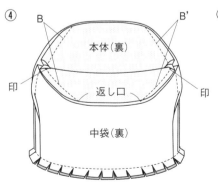

④ B　B'　本体(裏)　印　返し口　印　中袋(裏)

本体と中袋を中表に合わせ、
返し口を残してB(B')を縫う

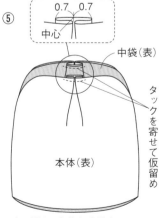

⑤ 0.7　0.7　中心　中袋(表)　タックを寄せて仮留め　本体(表)

表に返し、本体と中袋を
一緒にタックを寄せて仮留めする

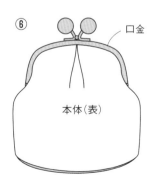

⑥ 口金　本体(表)

表に返して口金をはめ込む

80%縮小型紙
**※125%に拡大して
　使用してください**

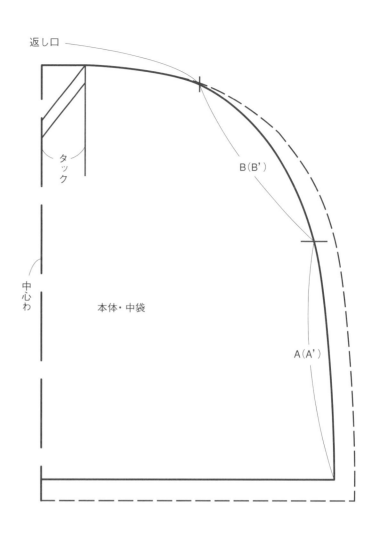

返し口

タック

中心わ

本体・中袋

B（B'）

A（A'）

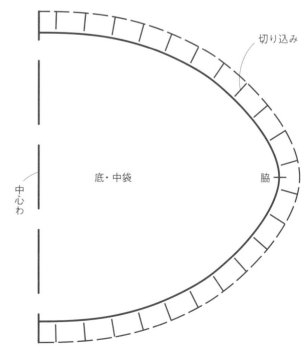

切り込み

中心わ

底・中袋

脇

P.14 定番がま口バッグ

材料
本体用布cocca（コッカ）70×30cm　中袋用布85×30cm（内ポケット分含む）　接着芯（中厚）70×45cm
長さ38cmナスカン付き幅1.2cm革製持ち手1本
口金幅20.9×7.9cm（F73／20.4cmくし型）1個
紙ひも適宜

出来上がり寸法
26×32cm

作り方のポイント
▶作り方は16ページ、内ポケットの作り方は32、101ページ参照。
▶縫い代はピンキングばさみでカットするか切り込みを入れて割る。
▶ダーツの縫い代は本体の前後で互い違いに倒す。

作り方
1 本体と内ポケットに接着芯をはり、中袋には接着芯をはらずにカットする。
2 本体2枚を中表に合わせて印から印までAを縫う。中袋も同様に縫う。
3 内ポケットを作り、中袋に付ける。
4 本体を表に返して中袋と中表に合わせ、B（B'）を縫う。
5 表に返して形を整え、返し口をボンドではって折る。
6 17ページを参考に口金をはめ込み、持ち手を付ける。

本体 2枚

中心
返し口
B　B'
27
ダーツ
A
32.2
※中袋同寸2枚

内ポケット 1枚

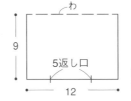

わ
9
5返し口
12

※縫い代0.5cmを付けて裁つ
※裏に裁ち切りの接着芯をはる

作り方

①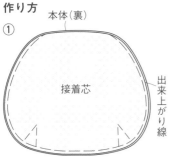

本体（裏）
接着芯
出来上がり線

本体2枚の裏に
それぞれ接着芯をはる

②

本体（裏）
ダーツを縫う

本体のダーツをつまんで縫う
中袋も同様に縫う

③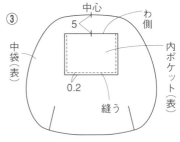

中心
5
わ側
中袋（表）
内ポケット（表）
0.2
縫う

内ポケットを作り、
中袋の1枚に縫い付ける

④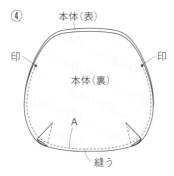

本体（表）
印　印
本体（裏）
A
縫う

本体2枚を中表に合わせ、
印から印までAを縫う
中袋も同様に縫う

⑤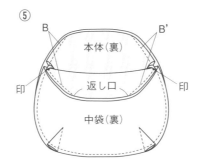

B　B'
本体（裏）
印　印
返し口
中袋（裏）

本体と中袋を中表に合わせ、
返し口を残してB（B'）を縫う

⑥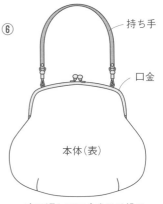

持ち手
口金
本体（表）

表に返して口金をはめ込み、
持ち手を付ける

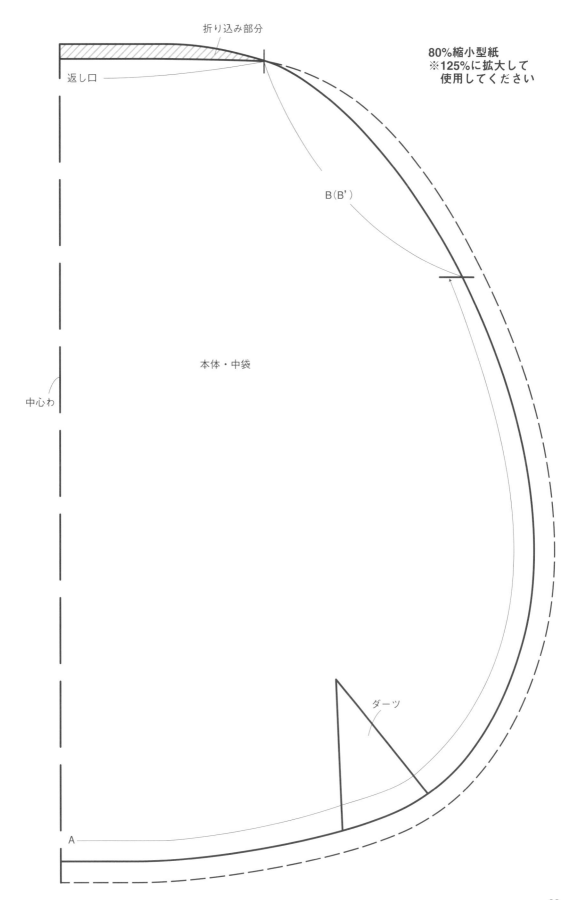

折り込み部分

返し口

B（B'）

80%縮小型紙
※125%に拡大して
　使用してください

中心わ

本体・中袋

ダーツ

A

P.15 マチ付きがま口バッグ

材料

本体用布cocca（コッカ）80×30cm　底マチ用布65×15cm
中袋用布95×40cm（内ポケット分含む）
接着芯（中厚）80×40cm
幅0.6cmチェーン55cm　直径0.8cm丸カン2個
口金幅20.9×7.9cm（F73／20.4cmくし型）1個
紙ひも適宜

出来上がり寸法

22×35cm

作り方のポイント

▶作り方は16ページ、内ポケットの作り方は32、101ページ参照。
▶縫い代はピンキングばさみでカットするか切り込みを入れて割る。

作り方

1　本体と底マチ、内ポケットに接着芯をはり、中袋には接着芯をはらずにカットする。
2　内ポケットを作り、中袋に付ける。
3　本体と底マチを中表に合わせて印から印までA（A'）を縫う。中袋も同様に縫う。
4　本体を表に返して中袋と中表に合わせ、B（B'）を縫う。
5　表に返して形を整え、返し口をボンドではって折り、17ページを参考に口金をはめ込む。チェーンを付ける。

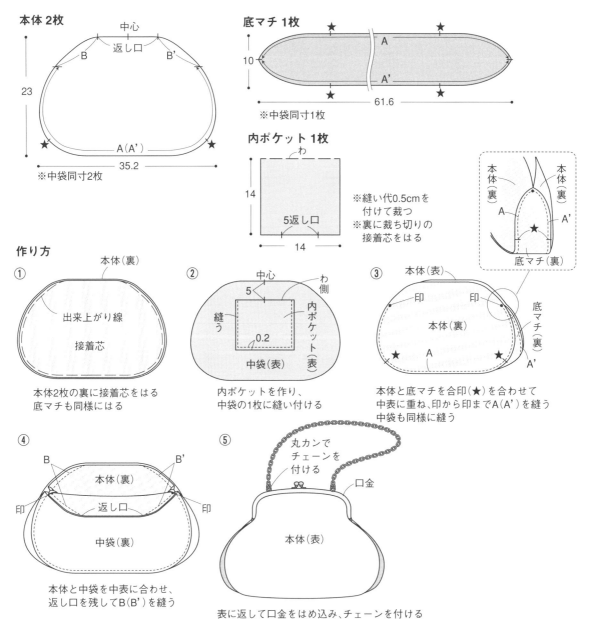

本体 2枚

中心
返し口
B　B'
23
A（A'）
35.2
※中袋同寸2枚

底マチ 1枚

A
A'
10
61.6
※中袋同寸1枚

内ポケット 1枚

わ
14
5返し口
14
※縫い代0.5cmを付けて裁つ
※裏に裁ち切りの接着芯をはる

本体（裏）
本体（裏）
A　A'
底マチ（裏）

作り方

① 本体（裏）
出来上がり線
接着芯
本体2枚の裏に接着芯をはる
底マチも同様にはる

② 中心
5
縫う
0.2
内ポケット（表）
わ側
中袋（表）
内ポケットを作り、中袋の1枚に縫い付ける

③ 本体（表）
印　印
本体（裏）
A
底マチ（裏）
A'
本体と底マチを合印（★）を合わせて中表に重ね、印から印までA（A'）を縫う
中袋も同様に縫う

④ B　B'
本体（裏）
返し口
印　印
中袋（裏）
本体と中袋を中表に合わせ、返し口を残してB（B'）を縫う

⑤ 丸カンでチェーンを付ける
口金
本体（表）
表に返して口金をはめ込み、チェーンを付ける

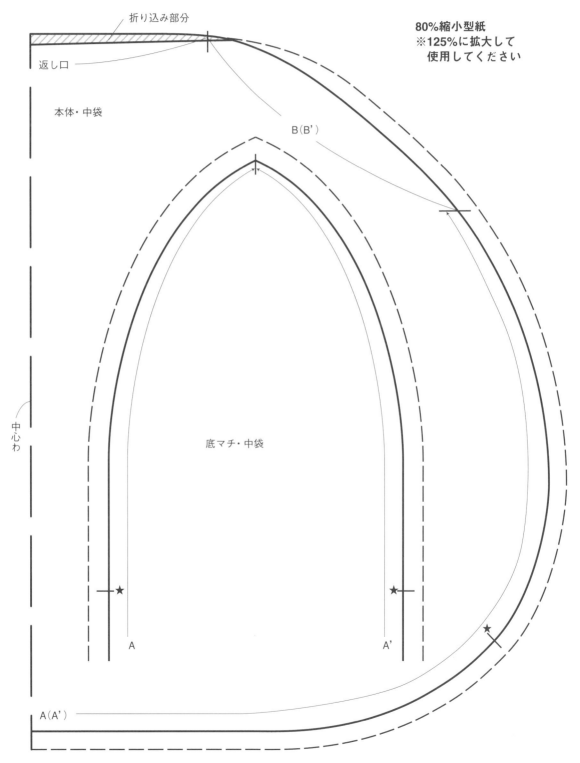

折り込み部分

返し口

本体・中袋

80%縮小型紙
※125%に拡大して
使用してください

B（B'）

中心わ

底マチ・中袋

A

A'

★

★

★

A（A'）

P.20　はんこケース

材料

本体用布 15×10cm
中袋用布(スエードタイプの人工皮革エクセーヌ) 10×10cm
スライサー(シールタイプ接着芯) 10×10cm
口金幅 8.4×3.3cm(F20／8.4cm角丸型) 1個
紙ひも適宜

出来上がり寸法

3.3×8.4cm

作り方のポイント

▶作り方は16、33ページ参照。

作り方

1　本体にスライサーをはり、中袋には接着芯をはらずにカットする。
2　本体の折り代を折る。
3　本体に中袋を外表に合わせてはる。
4　33ページを参考に口金をはめ込む。

本体 1枚

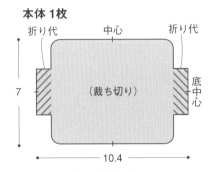

折り代　中心　折り代
7
10.4
（裁ち切り）
底中心

※スライサーは折り代なし

中袋 1枚

中心
6.5
8.2
（裁ち切り）
底中心

作り方

①

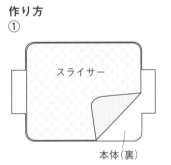

スライサー
本体(裏)

本体の裏にスライサーをはる

②

本体(裏)
スライサー

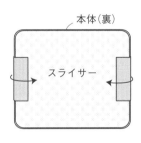

折り代を裏へ折り、ボンドではる

③

本体裏側の折り代部分に
ボンドを付ける

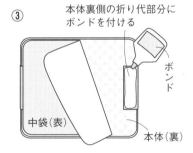

ボンド
中袋(表)
本体(裏)

本体の裏に中袋を表を上にして重ね、
ボンドを付けてはり合わせる

④

口金　中袋(表)

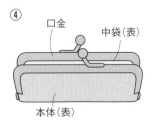

本体(表)

口金をはめ込む

中心

スライサー

折り代

底中心

本体

折り代

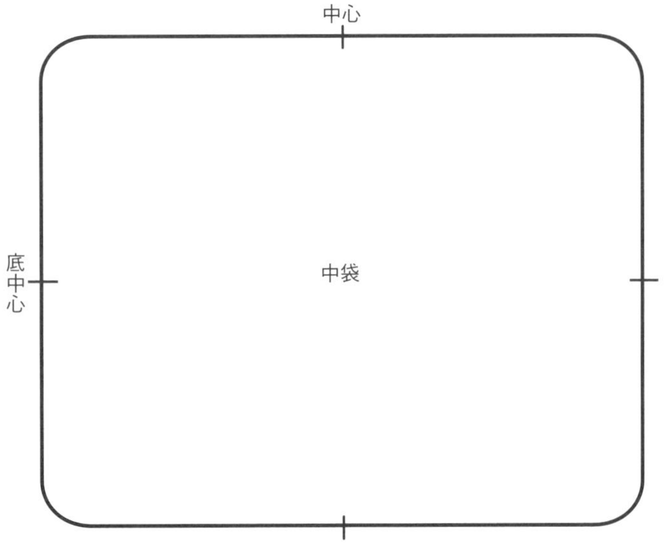

中心

底中心

中袋

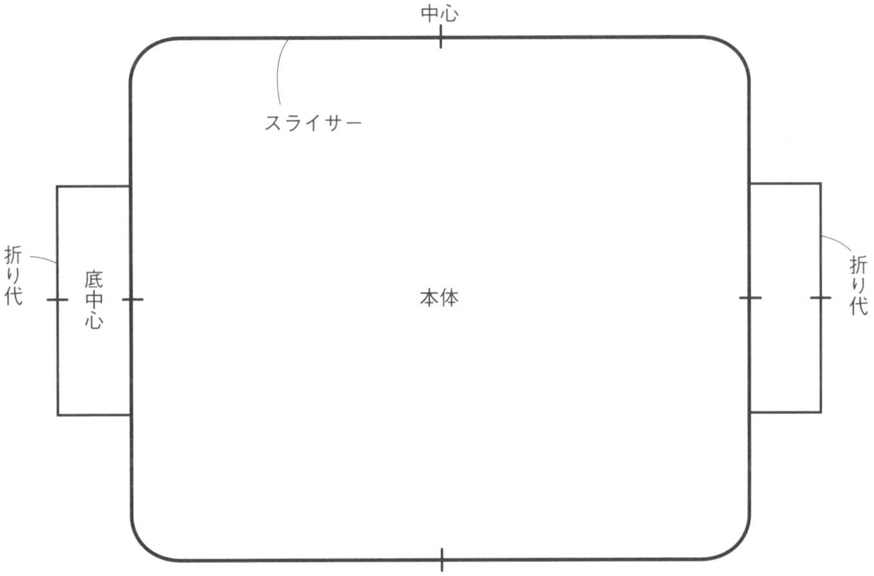

P.21 小物入れ

材料

本体用布 15×15cm
中袋用布(スエードタイプの人工皮革エクセーヌ) 15×15cm
接着芯(中厚) 15×15cm
口金幅8.4×3.3cm(F20／8.4cm角丸型)1個
紙ひも適宜

出来上がり寸法

4×8.4cm

作り方のポイント

▶作り方は16、33ページ参照。
▶縫い代はピンキングばさみでカットするか切り込みを入れて割る。
▶接着芯はスライサーを使うとよりしっかりする。

作り方

1 本体に接着芯をはり、中袋には接着芯をはらずにカットする。
2 本体を中表に二つ折りして印から底中心までA(A')を縫う。
3 マチを縫う。中袋も同様に縫う。
4 本体を表に返して中袋と中表に合わせ、B(B')を縫う。
5 表に返して形を整え、返し口をボンドではって33ページを参考に口金をはめ込む。

本体 1枚

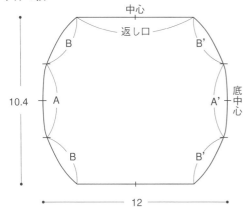

10.4
12
中心
返し口
B　B'
A　A'
底中心

※中袋同寸1枚

作り方

① 本体(裏)

接着芯

本体の裏に接着芯をはる

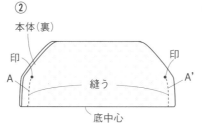

② 本体(裏)
印　印
A　A'
縫う
底中心

本体を底中心から中表に半分に折り、
印から印までA(A')を縫う
中袋も同様に縫う

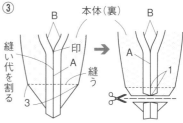

③ B　本体(裏)　B
縫い代を割る
印
A
縫う
3
A
1

縫い代を割り、底をたたんでマチ縫う
マチの余分な縫い代をカットする
中袋も同様に縫う

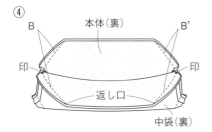

④ B　本体(裏)　B'
印　印
返し口
中袋(裏)

本体と中袋を中表に合わせ、
返し口を残してB(B')を縫う

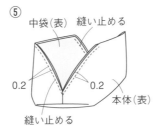

⑤ 中袋(表)　縫い止める
0.2　0.2
本体(表)
縫い止める

返し口から表に返して形を整え、
B(B')をステッチして
本体と中袋の縫い代を押さえる

⑥ 口金

本体(表)

口金をはめ込む

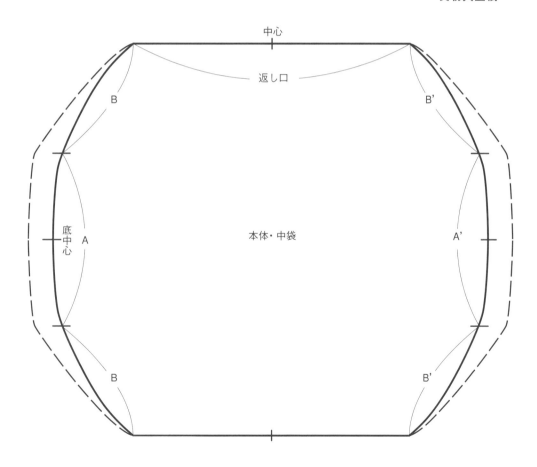

中心

返し口

B　　　　　　　　B'

底中心　A　　　本体・中袋　　　A'

B　　　　　　　　B'

P.22 四角ポーチ

材料

本体用布20×30cm　中袋用布20×30cm
接着芯(中厚)20×30cm
口金幅9×6cm(F21／9cm角丸型)1個
紙ひも適宜

出来上がり寸法

11.5×10cm

作り方のポイント

▶作り方は16、33ページ参照。
▶縫い代はピンキングばさみでカットするか切り込みを入れて割る。

作り方

1　本体に接着芯をはり、中袋には接着芯をはらずにカットする。
2　本体を底中心から中表に合わせて印から印までA(A')を縫う。
3　マチを縫う。中袋も同様に縫う。
4　本体を表に返して中袋と中表に合わせ、B(B')を縫う。
5　表に返して形を整え、返し口をボンドではって33ページを参考に口金をはめ込む。

本体 1枚

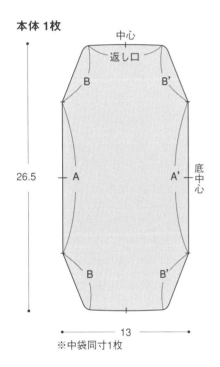

26.5

13

※中袋同寸1枚

作り方

① 本体の裏に接着芯をはる

② 本体を底中心から
中表に半分に折り、
印から印までA(A')を縫う
中袋も同様に縫う

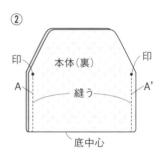

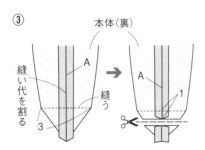

③ 縫い代を割り、底をたたんでマチを縫う
マチの余分な縫い代をカットする
中袋も同様に縫う

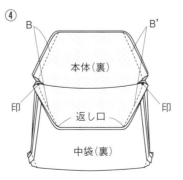

④ 本体と中袋を中表に合わせ、
返し口を残してB(B')を縫う

⑤ 表に返して口金をはめ込む

90

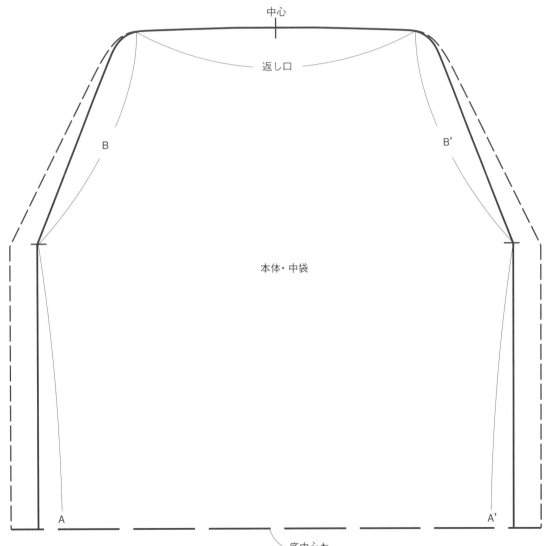

中心

返し口

B   B'

本体・中袋

A   A'

底中心わ
※柄に向きがある場合は底で本体を2枚に分け、
縫い代0.7cmを付けて裁つ

P.23 めがねケース

材料
本体用布 15×40cm　中袋用布 15×40cm
接着芯(中厚) 15×40cm　キルト綿(中厚) 15×40cm
口金幅 9×6cm(F21／9cm角丸型) 1個
紙ひも適宜

出来上がり寸法
15.5×8cm

作り方のポイント
▶作り方は 16、33ページ参照。
▶縫い代はピンキングばさみでカットするか切り込みを入れて割る。

作り方
1　本体に接着芯をはり、中袋には接着芯をはらずにカットする。
2　中袋にキルト綿を重ねる。
3　本体を底中心から中表に合わせて印から印までA(A')を縫う。
4　マチを縫う。中袋も同様に縫う。
5　本体を表に返して中袋と中表に合わせ、B(B')を縫う。
6　表に返して形を整え、返し口をボンドではって33ページを参考に口金をはめ込む。

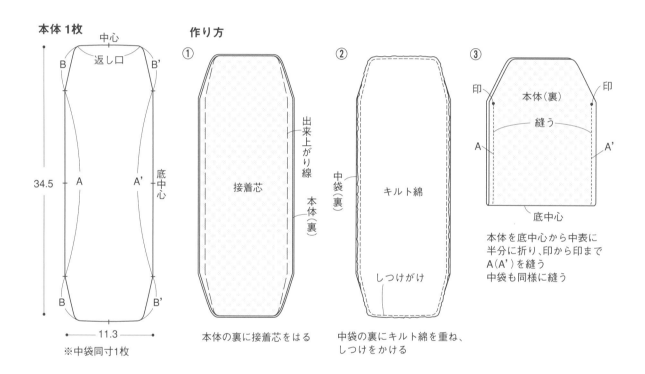

本体 1枚

中心
返し口
B　B'
34.5
A　A'
底中心
B　B'
11.3
※中袋同寸1枚

作り方

① 出来上がり線　本体(裏)　接着芯
本体の裏に接着芯をはる

② 中袋(裏)　キルト綿　しつけがけ
中袋の裏にキルト綿を重ね、しつけをかける

③ 印　本体(裏)　印　縫う　A　A'　底中心
本体を底中心から中表に半分に折り、印から印までA(A')を縫う
中袋も同様に縫う

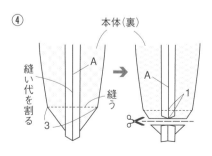

④ 本体(裏)　A　縫い代を割る　縫う　3　A　1
縫い代を割り、底をたたんでマチを縫う
マチの余分な縫い代をカットする
中袋も同様に縫う

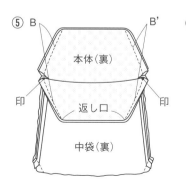

⑤ B　B'　本体(裏)　印　返し口　印　中袋(裏)
本体と中袋を中表に合わせ、返し口を残してB(B')を縫う

⑥ 口金　本体(表)
表に返して口金をはめ込む

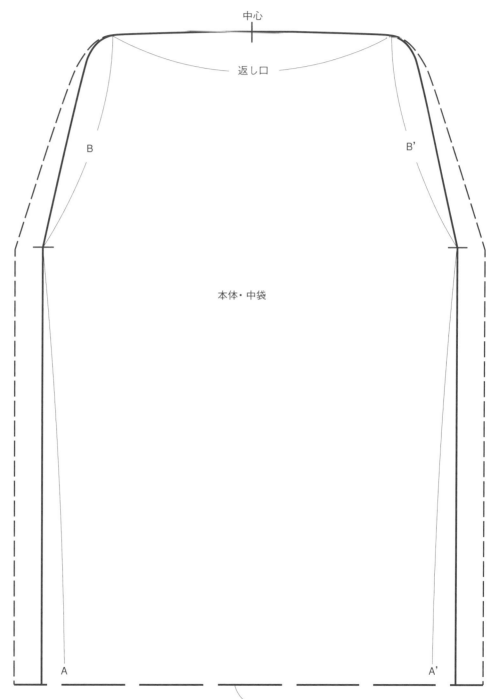

中心

返し口

B   B'

本体・中袋

A   A'

底中心わ
※柄に向きがある場合は底で本体を2枚に分け、
縫い代0.7cmを付けて裁つ

P.24 ミニボックス

材料

本体表用布cocca（コッカ）20×20cm　本体裏用布20×20cm
接着芯2種（中厚）各20×20cm
スライサー（シールタイプ接着芯）20×20cm
口金幅9×6cm（F21／9cm角丸型）1個
紙ひも適宜

出来上がり寸法

6×9×4cm

作り方のポイント

▶作り方は30ページ参照。

作り方

1　本体表と裏に接着芯をはってカットする。
2　出っ張り部分を折り、合印を合わせて印から印まで縫う。
3　切り込みを入れて縫い代を割る。
4　本体表にスライサーをはる。
5　本体表を表に返し、本体裏を外表に合わせて口を両面テープではる。
6　31ページを参考に口金をはめ込む。

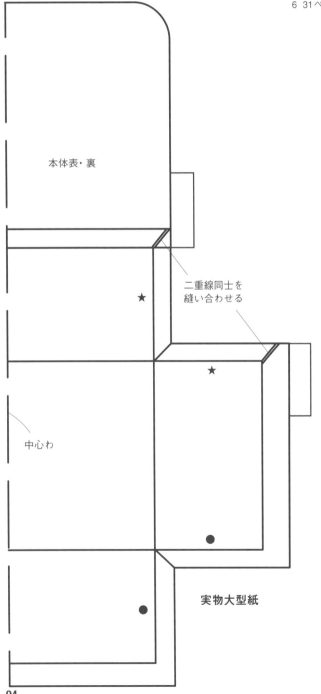

本体表・裏

二重線同士を
縫い合わせる

中心わ

★

実物大型紙

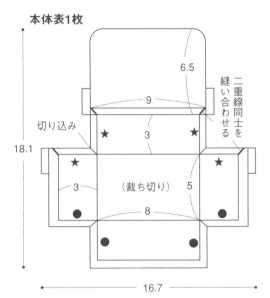

本体表1枚

6.5

二重線同士を縫い合わせる

切り込み

9

3

18.1

3

（裁ち切り）

5

8

16.7

※本体裏同寸1枚

P.64 豆がま口

材料

本体用布 20×10cm　中袋用布 20×10cm
接着芯(中厚) 20×10cm
口金幅3.7×2.4cm(F78／3.6cm豆丸) 1個
紙ひも適宜

出来上がり寸法

4.5×5.5cm

作り方のポイント

▶作り方は16ページ参照。
▶縫い代はピンキングばさみでカットするか切り込みを入れて割る。

作り方

1　本体に接着芯をはり、中袋には接着芯をはらずにカットする。
2　本体2枚を中表に合わせて印から印までAを縫う。中袋も同様に縫う。
3　本体を表に返して中袋と中表に合わせ、B(B')を縫う。
4　表に返して形を整え、返し口をボンドではって17ページを参考に口金をはめ込む。

本体2枚

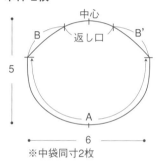

※中袋同寸2枚

実物大型紙

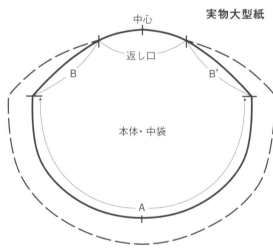

本体・中袋

作り方

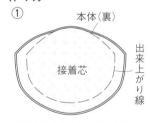

本体2枚の裏に接着芯をはる

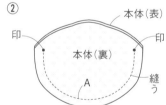

本体2枚を中表に合わせ、
印から印までAを縫う
中袋も同様に縫う

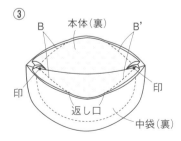

本体を表に返して中袋と中表に合わせ、
返し口を残してB(B')を縫う

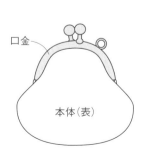

表に返して口金をはめ込む

P.26 大きなシンプルポーチ

材料

本体用布25×40cm　中袋用布25×40cm

接着芯(中厚)25×40cm

口金幅15×6cm(F24/15cm角丸型)1個

紙ひも適宜

出来上がり寸法

15.5×17cm

作り方のポイント

▶作り方は16、33ページ参照。

▶縫い代はピンキングばさみでカットするか切り込みを入れて割る。

作り方

1　本体に接着芯をはり、中袋には接着芯をはらずにカットする。

2　本体2枚を中表に合わせて印から印までA(A')を縫う。

3　中袋を底中心から中表に合わせ、同様に縫う。

4　マチを縫う。

5　本体を表に返して中袋と中表に合わせ、B(B')を縫う。

6　表に返して形を整え、返し口をボンドではって折り、33ページを参考に口金をはめ込む。

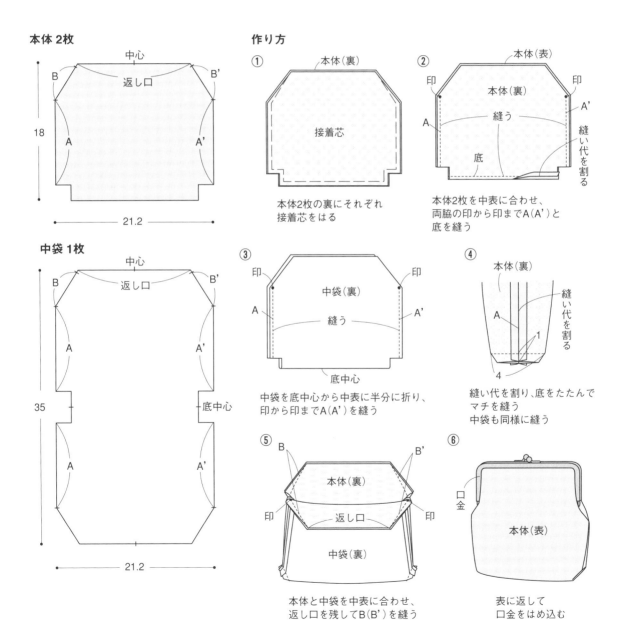

本体 2枚

中袋 1枚

作り方

① 本体2枚の裏にそれぞれ接着芯をはる

② 本体2枚を中表に合わせ、両脇の印から印までA(A')と底を縫う

③ 中袋を底中心から中表に半分に折り、印から印までA(A')を縫う

④ 縫い代を割り、底をたたんでマチを縫う　中袋も同様に縫う

⑤ 本体と中袋を中表に合わせ、返し口を残してB(B')を縫う

⑥ 表に返して口金をはめ込む

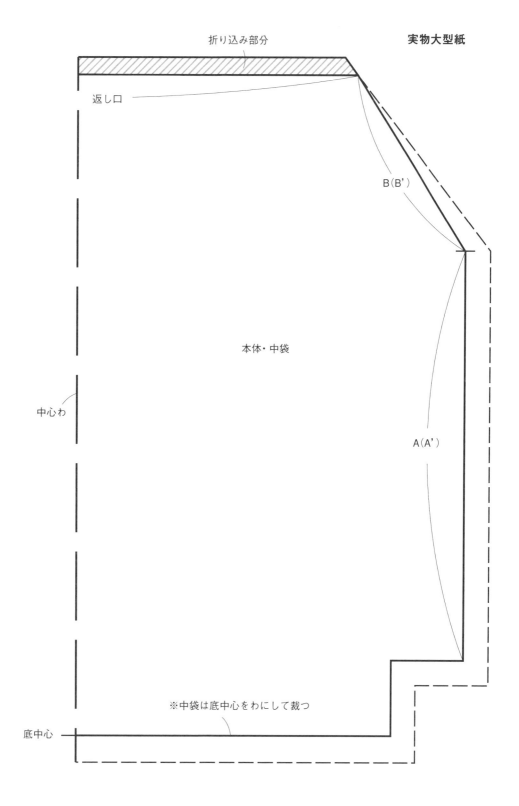

折り込み部分

返し口

実物大型紙

B（B'）

本体・中袋

中心わ

A（A'）

※中袋は底中心をわにして裁つ

底中心

P.27　ドロップマチのポーチ

材料

本体用布cocca（コッカ）20×35cm
マチ用布cocca（コッカ）25×15cm
中袋用布35×45cm（内ポケット分含む）
接着芯（中厚）35×45cm
口金幅15×6cm（F24／15cm角丸型）1個
紙ひも適宜

出来上がり寸法

11.5×9cm

作り方のポイント

▶作り方は32ページ参照。

作り方

1　本体とマチ、内ポケットに接着芯をはり、中袋には接着芯をはらずにカットする。
2　本体とマチを中表に合わせて印から印までAを縫う。
3　内ポケットを作り、中袋に付ける。
4　中袋も同様に縫う。
5　本体を表に返して中袋と中表に合わせ、B（B'）を縫う。
6　表に返して形を整え、返し口をボンド（両面テープ）ではって折る。
7　33ページを参考に口金をはめ込む。

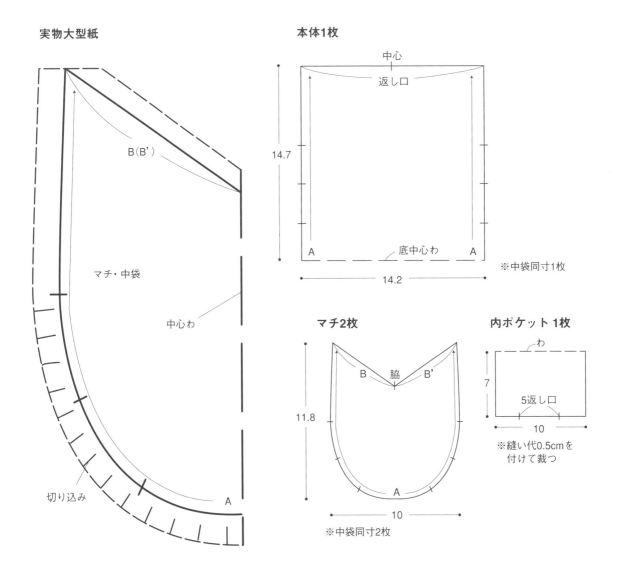

実物大型紙

マチ・中袋

中心わ

B（B'）

切り込み

A

本体1枚

中心
返し口

14.7

A　　底中心わ　　A

14.2

※中袋同寸1枚

マチ2枚

B　脇　B'

11.8

A

10

※中袋同寸2枚

内ポケット 1枚

わ

7

5返し口

10

※縫い代0.5cmを付けて裁つ

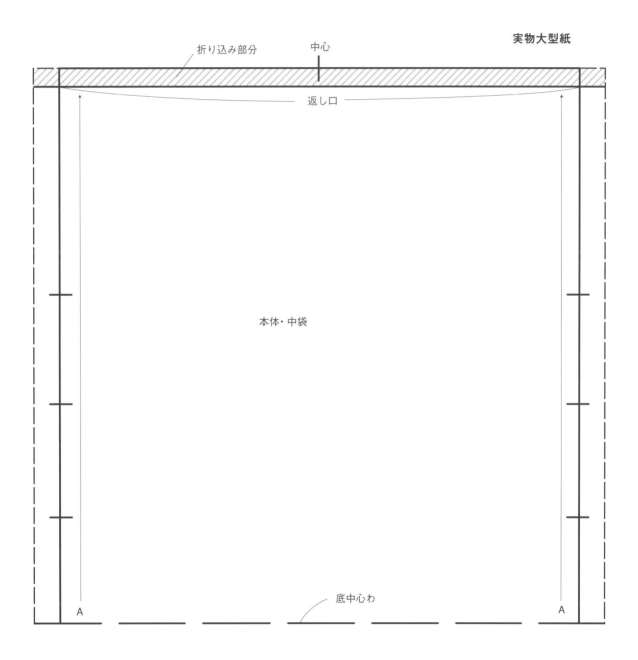

折り込み部分　　中心　　　　　　実物大型紙

返し口

本体・中袋

底中心わ

A　　　　　　　　　　　　　　　A

P.28 ほおずきポーチ

材料

本体用布35×40cm　中袋用布80×20cm（内ポケット分含む）
接着芯（中厚）35×40cm
口金幅15×6cm（F24／15cm角丸型）1個
紙ひも適宜

出来上がり寸法

11.5×16cm

作り方のポイント

▶作り方は16、32ページ参照。
▶縫い代はピンキングばさみでカットするか切り込みを入れて割る。

作り方

1 本体と内ポケットに接着芯をはり、中袋には接着芯をはらずにカットする。
2 内ポケットを作り、中袋に付ける。
3 本体AとBを中表に合わせて印から印までA（A'）を縫う。
4 中袋も同様に縫う。
5 本体を表に返して中袋と中表に合わせ、B（B'）を縫う。
6 表に返して形を整え、返し口をボンドではって折り、33ページを参考に口金をはめ込む。

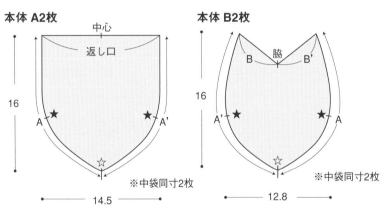

本体 A2枚

中心
返し口
16
A ★　　★ A'
※中袋同寸2枚
14.5

本体 B2枚

B 脇 B'
16
A' ★　　★ A
※中袋同寸2枚
12.8

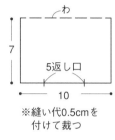

内ポケット 1枚

わ
7
5返し口
10
※縫い代0.5cmを付けて裁つ

作り方

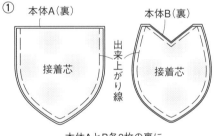

① 本体A（裏）　本体B（裏）

接着芯　接着芯

出来上がり線

本体AとB各2枚の裏に
それぞれ接着芯をはる

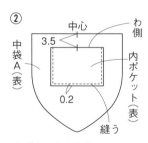

② 中心
わ側
3.5
中袋A（表）　内ポケット（表）
0.2
縫う

内ポケットを作り、
中袋Aの1枚に縫い付ける

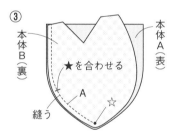

③ 本体B（裏）　本体A（表）

★を合わせる
A
縫う　☆

本体AとBを中表に合わせ、
☆（底中心）から上部までAを縫う
もう1枚と中袋も同様に縫う

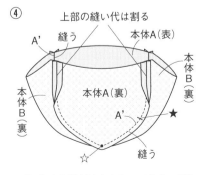

④ 上部の縫い代は割る

A'　縫う　本体A（表）
本体B（裏）
本体A（裏）
本体B（裏）　A'　★
縫う
☆

③2枚を合印（★）を合わせて中表に重ね、
☆（底中心）から上部までA'を縫う
中袋も同様に縫う

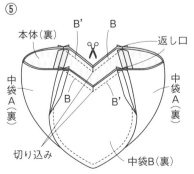

⑤ B'　B
本体（裏）
返し口
中袋A（裏）
B　B'
中袋A（裏）
切り込み
中袋B（裏）

本体と中袋を中表に重ね、
返し口を残してB（B'）を縫う
へこみの縫い代に切り込みを入れる

⑥ 口金

本体（表）

表に返して口金をはめ込む

100

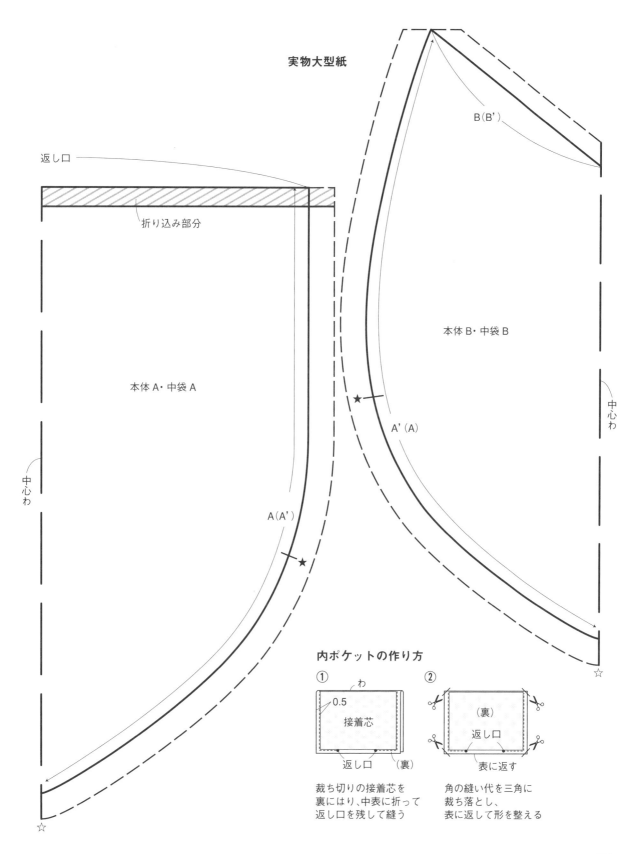

実物大型紙

返し口

折り込み部分

本体A・中袋A

本体B・中袋B

B(B')

A'(A)

A(A')

中心わ

中心わ

☆

☆

内ポケットの作り方

① わ

0.5

接着芯

返し口 （裏）

裁ち切りの接着芯を
裏にはり、中表に折って
返し口を残して縫う

② （裏）

返し口

表に返す

角の縫い代を三角に
裁ち落とし、
表に返して形を整える

P.34 アクセサリーケース

材料

本体用布 20×10cm　中袋用布 20×10cm

接着芯(中厚) 20×10cm

口金幅 4.8×3.4cm(F201／4.8cm丸型とびこみ玉) 1個

幅1cm鳥パーツ1個

25番刺しゅう糸適宜

紙ひも適宜

出来上がり寸法

8×6.5cm

作り方のポイント

▶作り方は16ページ参照。

▶縫い代はピンキングばさみでカットするか切り込みを入れて割る。

▶パーツとステッチは好みで付ける。

作り方

1　本体に接着芯をはり、中袋には接着芯をはらずにカットする。

2　本体2枚を中表に合わせて印から印までAを縫う。中袋も同様に縫う。

3　本体を表に返して中袋と中表に合わせ、B(B')を縫う。

4　表に返して形を整え、返し口をボンドではって17ページを参考に口金をはめ込む。

本体 2枚

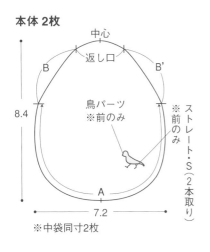

中心

返し口

B　B'

鳥パーツ
※前のみ

8.4

ストレート・S(2本取り)
※前のみ

A

7.2

※中袋同寸2枚

作り方

①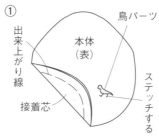

出来上がり線

鳥パーツ

本体(表)

ステッチする

接着芯

本体2枚の裏に接着芯をはる
1枚に鳥パーツを縫い付けて
足をステッチする

②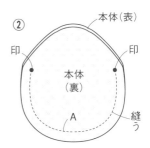

本体(表)

印　印

本体(裏)

縫う

A

本体2枚を中表に合わせ、
印から印までAを縫う
中袋も同様に縫う

③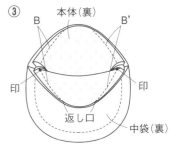

本体(裏)

B　B'

印　印

返し口

中袋(裏)

本体と中袋を中表に合わせ、
返し口を残してB(B')を縫う

実物大型紙

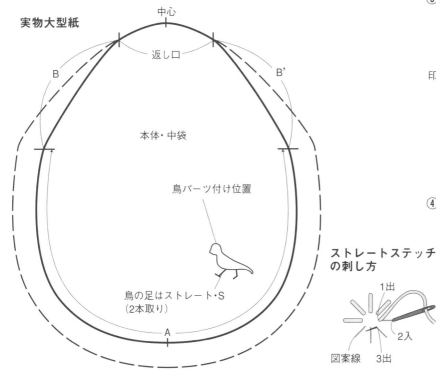

中心

返し口

B　B'

本体・中袋

鳥パーツ付け位置

鳥の足はストレート・S
(2本取り)

A

ストレートステッチ
の刺し方

1出

2入

図案線　3出

④

口金

本体(表)

表に返して口金をはめ込む

P.35 丸いペンケース

材料

本体用布20×25cm　中袋用布20×25cm

接着芯(中厚)20×25cm

口金幅4.8×3.4cm(F201／4.8cm丸型とびこみ玉)1個

紙ひも適宜

出来上がり寸法

17.4×7cm

作り方のポイント

▶作り方は16ページ参照。

▶縫い代はピンキングばさみでカットするか切り込みを入れて割る。

作り方

1　本体に接着芯をはり、中袋には接着芯をはらずにカットする。

2　本体2枚を中表に合わせて印から印までAを縫う。中袋も同様に縫う。

3　本体を表に返して中袋と中表に合わせ、B(B')を縫う。

4　表に返して形を整え、返し口をボンドではって17ページを参考に口金をはめ込む。

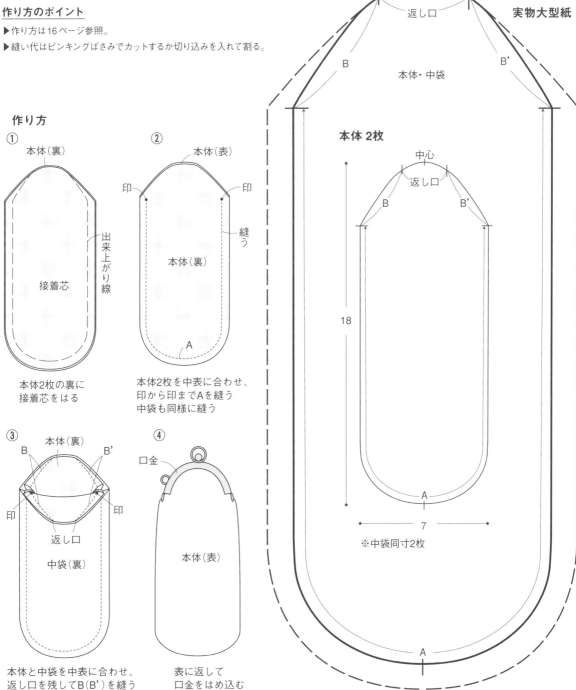

作り方

① 本体(裏)
出来上がり線
接着芯
本体2枚の裏に
接着芯をはる

② 本体(表)
印　印
縫う
本体(裏)
A
本体2枚を中表に合わせ、
印から印までAを縫う
中袋も同様に縫う

③ B　本体(裏)　B'
印　印
返し口
中袋(裏)
本体と中袋を中表に合わせ、
返し口を残してB(B')を縫う

④ 口金
本体(表)
表に返して
口金をはめ込む

中心
返し口
実物大型紙
B　B'
本体・中袋

本体 2枚
中心
返し口
B　B'
18
A
7
※中袋同寸2枚
A

P.36 クラッチバッグ

材料

本体用布2種各30×35cm　中袋用布55×35cm
接着芯(中厚)55×35cm
口金幅21×9cm(F116／21cm角丸型とびこみ玉)1個
紙ひも適宜

出来上がり寸法

27×23cm

作り方のポイント

▶作り方は16、33ページ参照。
▶縫い代はピンキングばさみでカットするか切り込みを入れて割る。

作り方

1　本体に接着芯をはり、中袋には接着芯をはらずにカットする。
2　本体2枚を中表に合わせて印から印までAを縫う。中袋も同様に縫う。
3　本体を表に返して中袋と中表に合わせ、B(B')を縫う。
4　表に返して形を整え、返し口をボンドではって折り、33ページを参考に口金をはめ込む。

本体 2枚

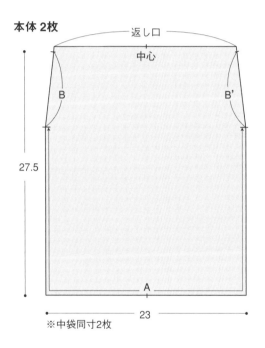

※中袋同寸2枚

作り方

① 本体2枚の裏に接着芯をはる

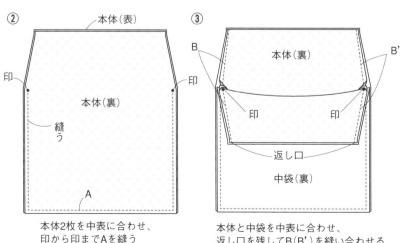

② 本体2枚を中表に合わせ、
印から印までAを縫う
中袋も同様に縫う

③ 本体と中袋を中表に合わせ、
返し口を残してB(B')を縫い合わせる

④ 表に返して口金をはめ込む

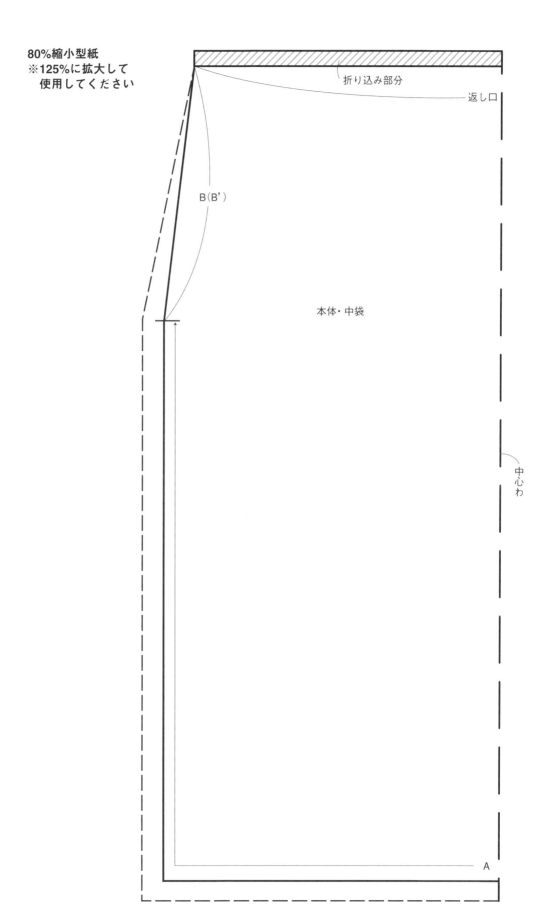

80%縮小型紙
※125%に拡大して
　使用してください

折り込み部分

返し口

B（B'）

本体・中袋

中心わ

A

P.39 おさいふ

材料

本体用布25×25cm　中袋用布40×25cm（仕切り分含む）
接着芯（中厚）40×25cm
口金幅10.5×5.4cm（F111／10.5cm角丸型三枚口）1個
紙ひも適宜

出来上がり寸法

9×13cm

底の広いタイプは108ページに型紙を掲載。

作り方のポイント

▶作り方は42ページ参照。
▶ダーツの縫い代は本体の前後で互い違いになるように倒す。
▶縫い代はピンキングばさみでカットするか切り込みを入れて割る。

作り方

1　本体と仕切りに接着芯をはり、中袋には接着芯をはらずにカットする。
2　ダーツを縫う。
3　本体2枚を中表に合わせて印から印までAを縫う。
4　仕切りを縫って表に返す。
5　中袋に仕切りをはさんで本体同様に縫う。
6　本体を表に返して中袋と中表に合わせ、B（B'）を縫う。
7　表に返して形を整え、返し口をボンドではって折り、44ページを参考
　　に口金をはめ込む。

本体 2枚

中心
B　B'
9.8
ダーツ　A　ダーツ
18
※中袋同寸2枚

仕切り 1枚

わ
中心
9.3
返し口
14.3

作り方

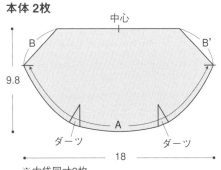

① 本体（裏）
出来上がり線
接着芯
仕切り（裏）
出来上がり線
接着芯
（裁ち切り）
※片面のみ
本体2枚の裏と
仕切りの片面の裏に
接着芯をはる

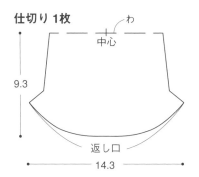

② 本体（裏）
縫う
本体のダーツをつまんで縫う
中袋も同様に縫う

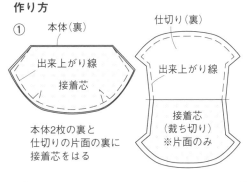

③ 本体（表）
印　印
本体（裏）
A
縫う
本体2枚を中表に合わせ、
印から印までAを縫う

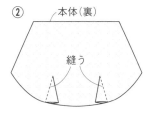

④ わ
縫う　縫う
仕切り（裏）
返し口
仕切りを中表に半分に折り、両脇を縫う
へこみの縫い代に切り込みを入れ、
表に返す

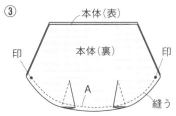

⑤ 仕切りをはさむ　中心
中袋（表）
印　印
中袋（裏）
A
縫う
中袋を中表に重ね、間に中心を
合わせて仕切りをはさんで
印から印までAを縫う

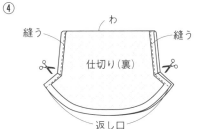

⑥ B　B'
本体（裏）
印　印
返し口
中袋（裏）
本体と中袋を中表に重ねて
返し口を残してB（B'）を縫う

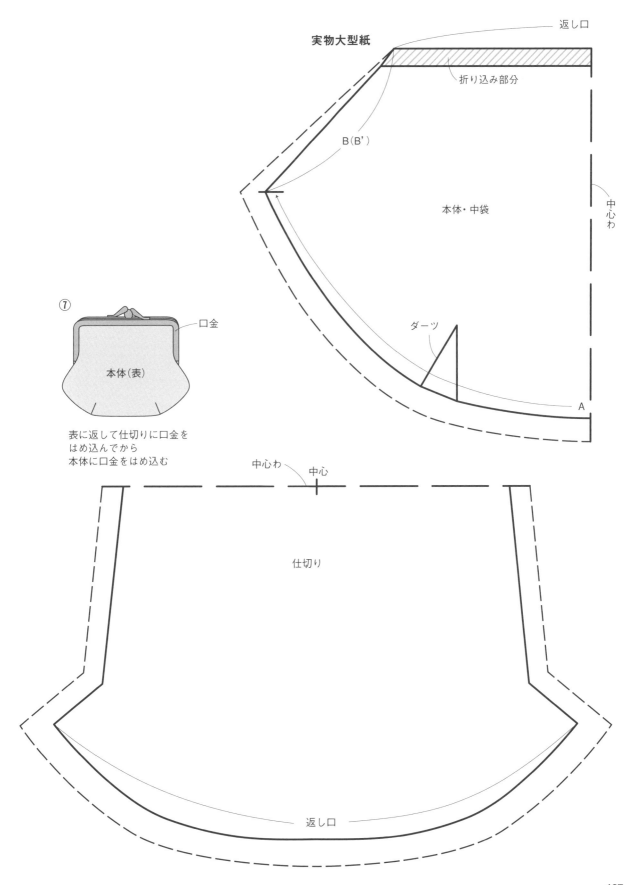

実物大型紙

返し口

折り込み部分

B（B'）

本体・中袋

中心わ

ダーツ

A

⑦

口金

本体（表）

表に返して仕切りに口金を
はめ込んでから
本体に口金をはめ込む

中心わ　中心

仕切り

返し口

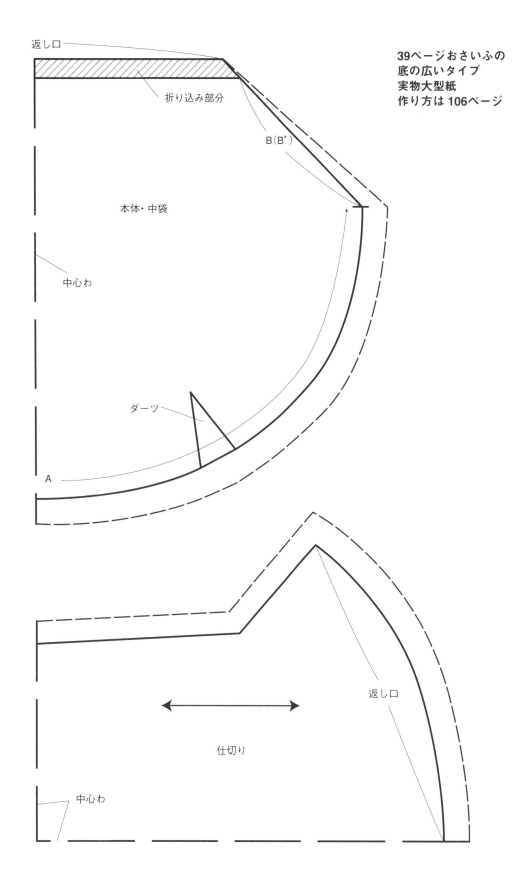

返し口

折り込み部分

B(B')

本体・中袋

中心わ

ダーツ

A

39ページおさいふの
底の広いタイプ
実物大型紙
作り方は106ページ

返し口

仕切り

中心わ

P.52 四角ペンケース

材料

本体用布 25×20cm
中袋用布 (スエードタイプの人工皮革エクセーヌ) 25×20cm
接着芯 (中厚) 25×20cm
金糸適宜
口金幅 17×6.9cm (F70／16.5cmL型天溝) 1個
スライサー (シールタイプ接着芯) 適宜

出来上がり寸法

7.5×18.5cm

作り方のポイント

▶作り方は56ページ参照。

作り方

1 本体に接着芯をはり、中袋には接着芯をはらずにカットする。
2 本体を中表に合わせて印から印までAを縫う。
3 中袋も同様に縫う。
4 本体を表に返して中袋と中表に合わせ、A'を縫う。
5 表に返して形を整え、Aの先の縫い代を折り込んでステッチする。
6 口をボンド (両面テープ) ではる。
7 57ページを参考に口金をはめ込む。

実物大型紙

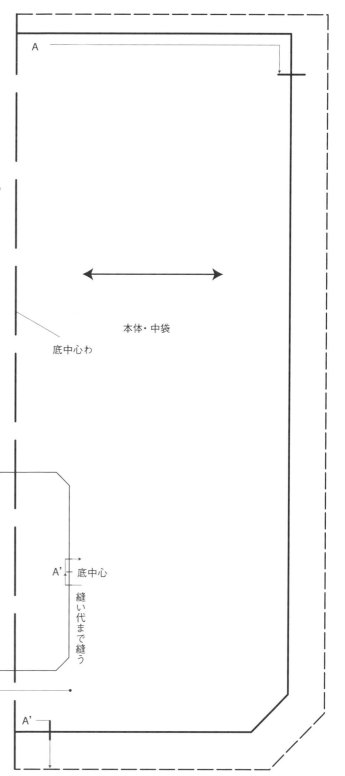

A

本体・中袋

底中心わ

本体1枚

中心

15

A

18.5

※中袋同寸1枚

A'　底中心

縫い代まで縫う

A'

P.40 仕分けポーチ

材料

本体用布30×40cm　中袋用布55×40cm（仕切り分含む）
接着芯（中厚）55×40cm
口金幅16.8×5.7cm（F112／16.8cm角丸型三枚口）
紙ひも適宜

出来上がり寸法

13.5×21.5cm

作り方のポイント

▶作り方は42ページ参照。

作り方

1　本体と仕切りに接着芯をはり、中袋には接着芯をはらずにカットする。
2　ダーツを縫う。
3　本体2枚を中表に合わせて印から印までAを縫う。
4　仕切りを縫って表に返す。
5　中袋に仕切りをはさんで本体同様に縫う。
6　本体を表に返して中袋と中表に合わせ、B（B'）を縫う。
7　表に返して形を整え、返し口をボンドではって折り、44ページを参考
　　に口金をはめ込む。

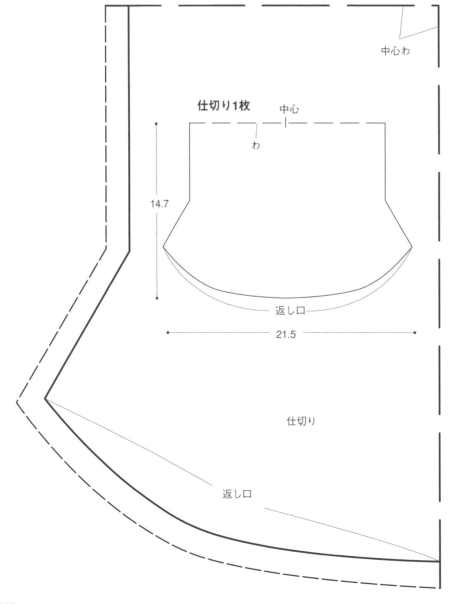

実物大型紙

中心わ

仕切り1枚

中心

わ

14.7

返し口

21.5

仕切り

返し口

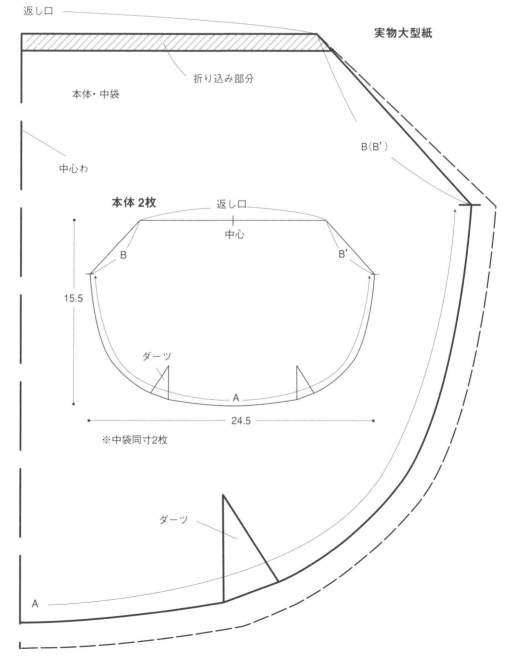

返し口

実物大型紙

折り込み部分

本体・中袋

中心わ

B（B'）

本体2枚

返し口

中心

B

B'

15.5

ダーツ

A

24.5

※中袋同寸2枚

ダーツ

A

P.47 親子のポーチ

材料

本体用布45×20cm　中袋用布(A・B共通)45×35cm
中々袋用布35×20cm
接着芯(中厚)45×20cm
口金幅13×5.5cm(F63／13cmくし型親子)1個
紙ひも適宜

出来上がり寸法

13×16cm

作り方のポイント

▶作り方は50ページ参照。
▶ピンクの羽根柄はcocca(コッカ)の布を使用。

作り方

1　本体に接着芯をはり、中袋と中々袋には接着芯をはらずにカットする。
2　ダーツを縫う。
3　本体2枚を中表に合わせて印から印までAを縫う。
4　中袋Bと中々袋の脇をそれぞれ縫い、中袋Bと中々袋を中表に合わせて口を縫って表に返す。
5　中袋Aに中袋Bをはさんで本体同様に縫う。
6　本体を表に返して中袋Aと中表に合わせ、B(B')を縫う。
7　表に返して形を整え、返し口をボンドではって折り、51ページを参考に口金をはめ込む。

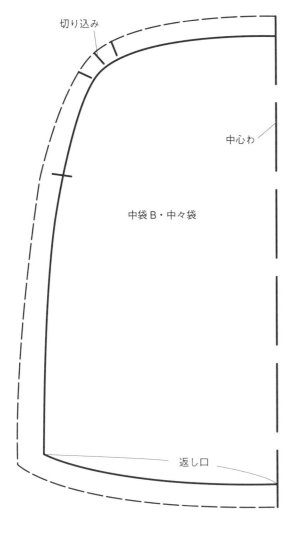

切り込み

中心わ

中袋B・中々袋

返し口

実物大型紙

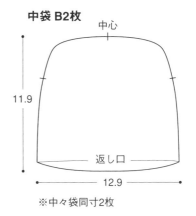

中袋 B2枚

中心

11.9

返し口

12.9

※中々袋同寸2枚

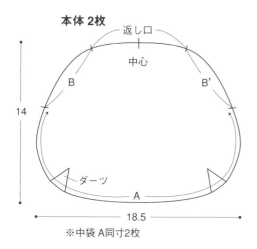

本体 2枚

返し口

中心

B　B'

14

ダーツ

A

―――― 18.5 ――――

※中袋 A同寸2枚

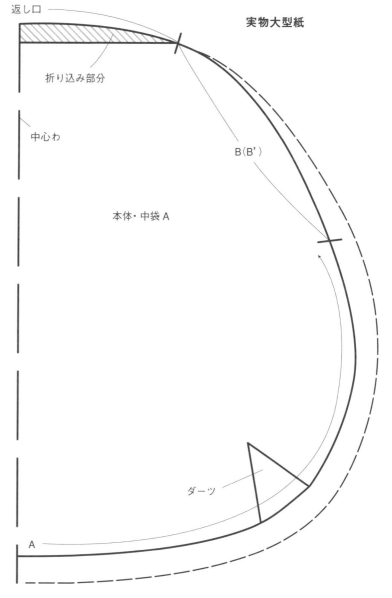

返し口

折り込み部分

実物大型紙

中心わ

B（B'）

本体・中袋 A

ダーツ

A

P.49 クラッチバッグ

材料

本体用布cocca(コッカ) 70×25cm
中袋用布(A・B共通) 70×45cm
中々袋用布 65×20cm
接着芯(中厚) 70×25cm
口金幅20.9×7.8cm(F80／20.4cmくし型親子) 1個
紙ひも適宜

出来上がり寸法

17×25cm

作り方のポイント

▶作り方は50ページ参照。
▶縫い代はピンキングばさみでカットするか切り込みを入れて割る。

作り方

1 本体に接着芯をはり、中袋と中々袋には接着芯をはらずにカットする。
2 本体2枚を中表に合わせて印から印までAを縫う。
3 中袋Bと中々袋の脇をそれぞれ縫い、中袋Bと中々袋を中表に合わせて口を縫って表に返す。
4 中袋Aに中袋Bをはさんで本体同様に縫う。
5 本体を表に返して中袋Aと中表に合わせ、B(B')を縫う。
6 表に返して形を整え、返し口をボンドではって折り、51ページを参考にして口金をはめ込む。

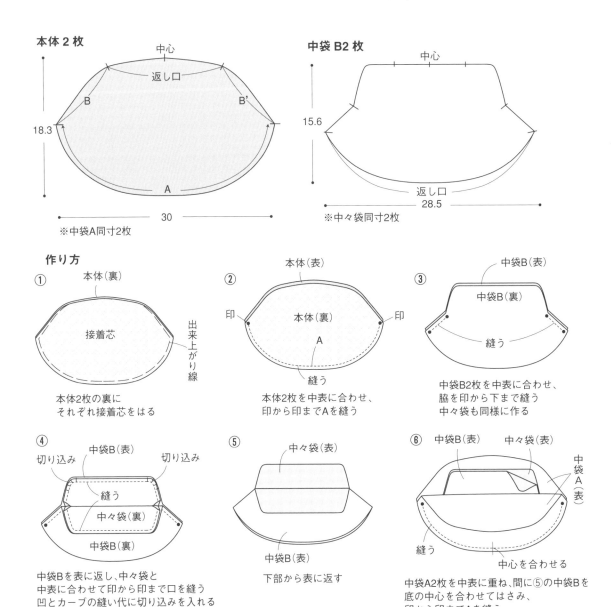

本体 2 枚

中心
返し口
B   B'
18.3
A
30
※中袋A同寸2枚

中袋 B2 枚

中心
15.6
返し口
28.5
※中々袋同寸2枚

作り方

① 本体(裏)
接着芯
出来上がり線
本体2枚の裏に
それぞれ接着芯をはる

② 本体(表)
印   本体(裏)   印
A
縫う
本体2枚を中表に合わせ、
印から印までAを縫う

③ 中袋B(表)
中袋B(裏)
縫う
中袋B2枚を中表に合わせ、
脇を印から下まで縫う
中々袋も同様に作る

④ 切り込み   中袋B(表)   切り込み
縫う
中々袋(裏)
中袋B(裏)
中袋Bを表に返し、中々袋と
中表に合わせて印から印まで口を縫う
凹とカーブの縫い代に切り込みを入れる

⑤ 中々袋(表)
中袋B(表)
下部から表に返す

⑥ 中袋B(表)   中々袋(表)
中袋A(表)
縫う
中心を合わせる
中袋A2枚を中表に重ね、間に⑤の中袋Bを
底の中心を合わせてはさみ、
印から印までAを縫う

50% 縮小型紙
※200% に拡大して使用してください

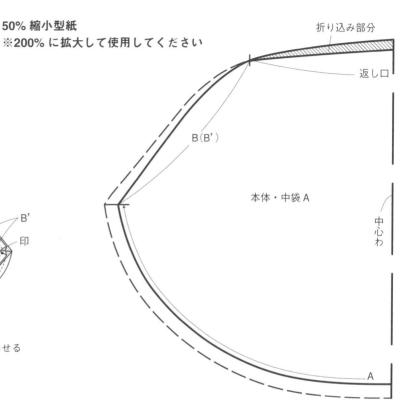

折り込み部分

返し口

B(B')

本体・中袋A

中心わ

A

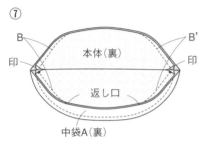

⑦

B   B'

印   本体（裏）   印

返し口

中袋A（裏）

本体と中袋Aを中表に合わせ、
返し口を残してB（B'）を縫い合わせる

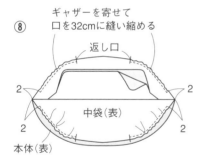

⑧

ギャザーを寄せて
口を32cmに縫い縮める

返し口

2   中袋（表）   2

2   2

本体（表）

表に返して本体口にギャザーを寄せる
ギャザーは口金を入れるときに寄せてもよい

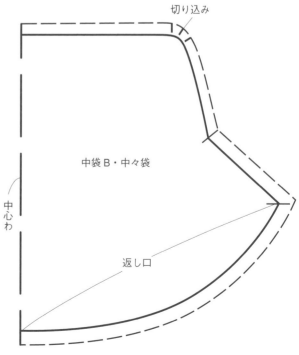

切り込み

中袋B・中々袋

中心わ

返し口

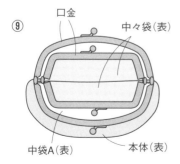

⑨

口金

中々袋（表）

中袋A（表）   本体（表）

本体と中袋Bに口金をはめ込む

P.48 しっかりバッグ

材料

本体用布(底分含む) cocca(コッカ) 90×30cm
中袋用布(A・B共通 内ポケット、持ち手分含む) 90×70cm
中々袋用布 65×25cm
接着芯(中厚) 90×30cm
スライサー(シールタイプ接着芯) 25×10cm
口金幅20.9×7.8cm(F74／20.4cmくし型親子) 1個
幅3cmナスカン、直径0.7cm丸カン各2個
紙ひも適宜

出来上がり寸法

24.5×25cm

作り方のポイント

▶作り方は 50ページ、内ポケットの作り方は 32、101ページ参照。
▶縫い代はピンキングばさみでカットするか切り込みを入れて割る。
▶ダーツの縫い代は本体の前後で互い違いに倒す。

作り方

1 本体に接着芯をはり、中袋と中々袋には接着芯をはらずにカットする。
2 内ポケットを作って付ける。
3 本体2枚を中表に合わせて印から印までAを縫い、底と中表に合わせて縫う。中袋Aも同様に縫う。
4 本体と中袋Aを中表に合わせて口を縫い、表に返す。
5 中袋Bと中々袋のダーツを縫う。脇と底をそれぞれ縫い、中袋Bと中々袋を中表に合わせて口を縫って表に返す。
6 形を整え、返し口をボンドではって折り、51ページを参考にして口金をはめ込む。

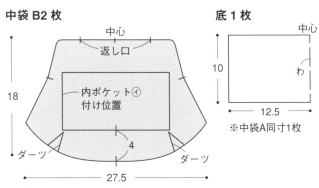

本体 2枚

25.5

中心
返し口
B　B'
内ポケット⑦
付け位置
A　A'
6
35

※中袋A同寸2枚、内ポケットは中袋Aの1枚のみに付ける

中袋 B2枚

中心
返し口
内ポケット⑦
付け位置
18
ダーツ　4　ダーツ
27.5

※中々袋同寸2枚、内ポケットは中袋Bの1枚のみに付ける

底 1枚

中心
わ
10
12.5

※中袋A同寸1枚

作り方

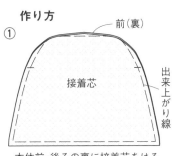

① 前(裏)
接着芯
出来上がり線

本体前・後ろの裏に接着芯をはる
底も同様に作る

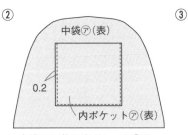

② 中袋⑦(表)
0.2
内ポケット⑦(表)

中袋Aの1枚に内ポケット⑦を縫い付ける

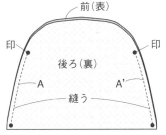

③ 前(表)
印　印
後ろ(裏)
A　A'
縫う

本体前と後ろを中表に合わせ、印から印までAを縫う
中袋Aも同様に作る

④ 前(表)
スライサー(中袋はなし)
後ろ(裏)
縫う
縫い代は割る
本体に切り込み
底の角の縫い代は三角にカットする
底(裏)
10　25

底を中表に合わせて長辺から縫い、スライサーをはる
中袋Aも同様に作る

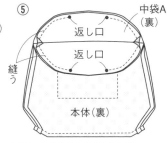

⑤ 中袋A(裏)
返し口
返し口
縫う
本体(裏)

本体と中袋Aを中表に合わせ、B(B')を縫い、返し口から表に返す

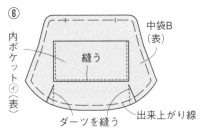

⑥ 中袋B(表)
内ポケット⑦(表)
縫う
ダーツを縫う
出来上がり線

中袋Bと中々袋のダーツを縫い、中袋Bの1枚に内ポケット⑦を縫い付ける

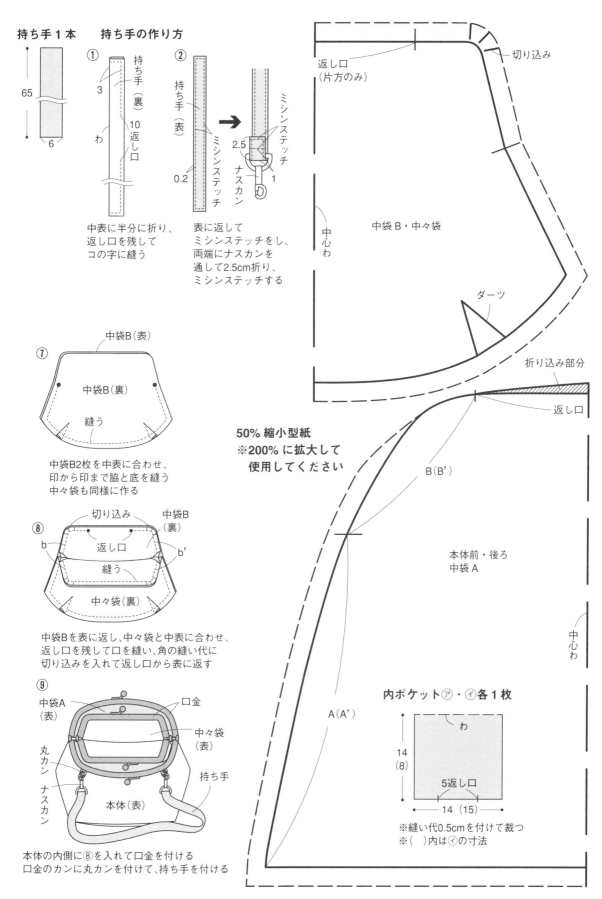

持ち手1本

持ち手の作り方

① 持ち手（裏）／持ち手／3／わ／10 返し口
中表に半分に折り、返し口を残してコの字に縫う

② 持ち手（表）／ミシンステッチ／0.2
表に返してミシンステッチをし、両端にナスカンを通して2.5cm折り、ミシンステッチする
2.5／ミシンステッチ／ナスカン／1

⑦ 中袋B（表）／中袋B（裏）／縫う
中袋B2枚を中表に合わせ、印から印まで脇と底を縫う
中々袋も同様に作る

⑧ 切り込み／中袋B（裏）／b／返し口／b'／縫う／中々袋（裏）
中袋Bを表に返し、中々袋と中表に合わせ、返し口を残して口を縫い、角の縫い代に切り込みを入れて返し口から表に返す

⑨ 中袋A（表）／口金／中々袋（表）／丸カン／ナスカン／持ち手／本体（表）
本体の内側に⑧を入れて口金を付ける
口金のカンに丸カンを付けて、持ち手を付ける

返し口（片方のみ）／切り込み
中袋B・中々袋
中心わ
ダーツ
折り込み部分
返し口
B（B'）
本体前・後ろ
中袋A
中心わ
A（A'）

50% 縮小型紙
※200% に拡大して使用してください

内ポケット㋐・㋑各1枚
14（8）／わ／5返し口／14（15）
※縫い代0.5cmを付けて裁つ
※（ ）内は㋑の寸法

P.53　おさいふ

材料
本体用布25×25cm　中袋用布(スエードタイプの人工皮革エクセーヌ) 30×35cm(小銭ポケット分含む)
接着芯(中厚) 25×25cm
金糸適宜
口金幅17×6.9cm(F70／16.5cmL型天溝) 1個
スライサー(シールタイプ接着芯)適宜

出来上がり寸法
9.7×18.5cm

作り方のポイント
▶作り方は56ページ参照。
▶縫い代はピンキングばさみでカットするか切り込みを入れて割る。

作り方
1　本体に接着芯をはり、中袋には接着芯をはらずにカットする。
2　小銭ポケットを作る。
3　本体を中表に合わせて印から印までAとA'を縫う。
4　小銭ポケットをはさんで中袋も同様に縫う。
5　本体を表に返して中袋と外表に合わせ、印の先の縫い代を折り込んでステッチする。
6　口をボンド(両面テープ)ではり、57ページを参考に口金をはめ込む。

本体 1枚

中心
10
A　A'
底中心わ
19
※中袋同寸1枚

小銭ポケット 1枚

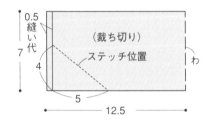

0.5 縫い代
7
4
(裁ち切り)
ステッチ位置
わ
5
12.5

作り方

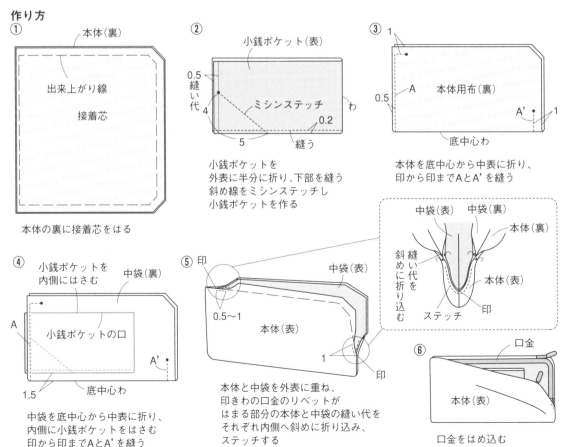

① 本体(裏)
出来上がり線
接着芯

本体の裏に接着芯をはる

② 小銭ポケット(表)
0.5 縫い代
4
ミシンステッチ
わ
0.2
5
縫う

小銭ポケットを
外表に半分に折り、下部を縫う
斜め線をミシンステッチし
小銭ポケットを作る

③ 1
本体用布(裏)
0.5
A
A' 1
底中心わ

本体を底中心から中表に折り、
印から印までAとA'を縫う

④ 小銭ポケットを
内側にはさむ
中袋(裏)
A
小銭ポケットの口
A'
1.5
底中心わ

中袋を底中心から中表に折り、
内側に小銭ポケットをはさむ
印から印までAとA'を縫う

⑤ 印
中袋(表)
0.5〜1
本体(表)
1
印

本体と中袋を外表に重ね、
印きわの口金のリベットが
はまる部分の本体と中袋の縫い代を
それぞれ内側へ斜めに折り込み、
ステッチする

中袋(表)　中袋(裏)
本体(裏)
斜めに折り込む
縫い代を
本体(表)
ステッチ　印

⑥ 口金
本体(表)

口金をはめ込む

118

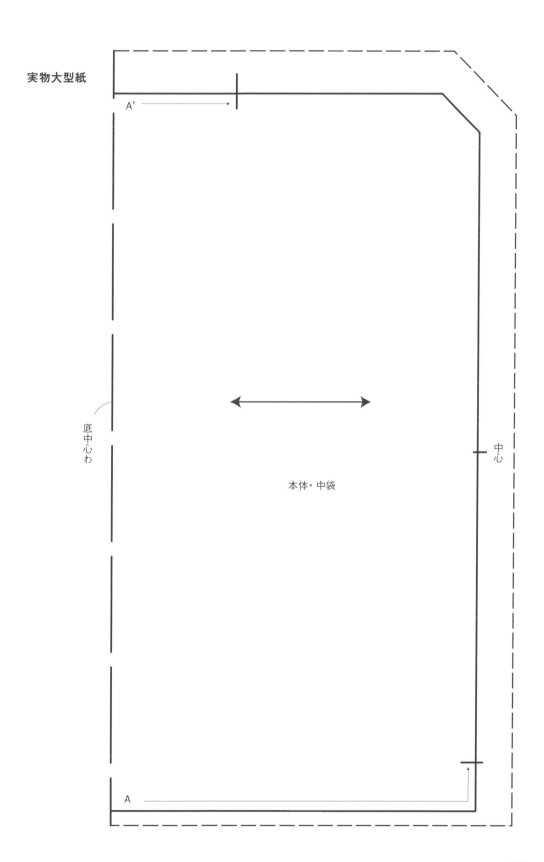

実物大型紙

A'

底中心わ

中心

本体・中袋

A

P.54 クラッチバッグ小

材料

本体用布cocca（コッカ）30×40cm　中袋用布（スエードタイプの人
工皮革エクセーヌ）30×55cm（内ポケット分含む）
接着芯（中厚）30×40cm
金糸適宜
口金幅24.5×11.5cm（F81／24cmL型天溝）1個
スライサー（シールタイプ接着芯）適宜

出来上がり寸法

17×25.5cm

作り方のポイント

▶作り方は56ページ参照。

▶縫い代はピンキングばさみでカットするか切り込みを入れて割る。

▶タブレットPCなどのケースにする場合は、キルト綿を本体と中袋の間
に入れる。

作り方

1 本体に接着芯をはり、中袋には接着芯をはらずにカットする。

2 内ポケットを作り、中袋に付ける。

3 本体を中表に合わせて印から印までAとA'を縫う。中袋も同様に縫う。

4 本体を表に返して中袋と中表に合わせ、Aの縫い代を縫う。

5 表に返して形を整え、A'の先の縫い代を折ってステッチする。

6 口をボンド（両面テープ）ではり、57ページを参考に口金をはめ込む。

本体 1枚

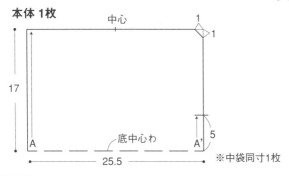

中心
1
1
17
A　　　　底中心わ　　　　A'
5
25.5
※中袋同寸1枚

内ポケット 1枚

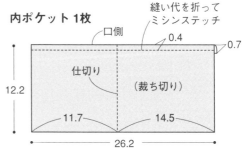

縫い代を折って
ミシンステッチ
口側
0.4
0.7
12.2
仕切り
（裁ち切り）
11.7　　　14.5
26.2

作り方

① 本体（裏）
出来上がり線
接着芯

本体の裏に接着芯をはる

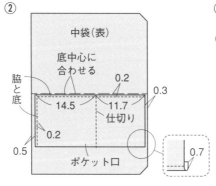

② 中袋（表）
底中心に
合わせる
0.2
脇
と
底
14.5　　11.7　0.3
仕切り
0.2
0.5
ポケット口

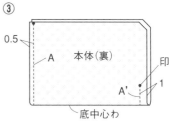

0.7

中袋に重ね、底側と片脇、仕切りを
ミシンステッチする

③
0.5
A　本体（裏）
印
A'
1
底中心わ

本体を底中心から中表に折り、
印から印までAとA'を縫う
中袋も同様に縫う

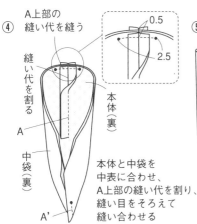

④ A上部の
縫い代を縫う
0.5
2.5
縫
い
代
を
割
る
本体
（裏）
A
中
袋
（裏）
A'

本体と中袋を
中表に合わせ、
A上部の縫い代を割り、
縫い目をそろえて
縫い合わせる

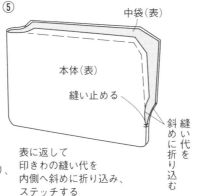

⑤ 中袋（表）
本体（表）
縫い止める
縫
い
代
を
斜
め
に
折
り
込
む

表に返して
印きわの縫い代を
内側へ斜めに折り込み、
ステッチする

⑥ 口金
本体（表）

口金をはめ込む

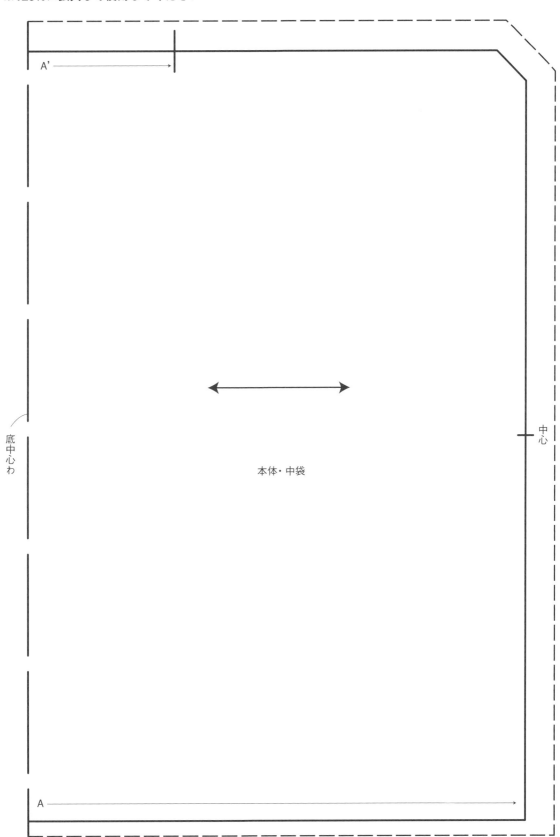

底中心わ

A'

本体・中袋

中心

A

P.54 クラッチバッグ大

材料

本体用布cocca（コッカ）35×65cm
中袋用布70×65cm（内ポケット分含む）
接着芯(中厚) 35×65cm
金糸適宜
口金幅24.5×11.5cm（F81／24cmL型天溝）1個
スライサー（シールタイプ接着芯）適宜

出来上がり寸法

30×30cm

作り方のポイント

▶作り方は118ページのおさいふと共通。ここでは小銭ポケットをはさむのではなく、内ポケットを中袋に縫い付ける。

▶作り方は56ページも参照。

▶縫い代はピンキングばさみでカットするか切り込みを入れて割る。

作り方

1 本体に接着芯をはり、中袋には接着芯をはらずにカットする。
2 内ポケットを作り、中袋に付ける。
3 本体を中表に合わせて印から印までAとA'を縫う。
4 中袋も同様に縫う。
5 本体を表に返して中袋と外表に合わせ、印の先の縫い代を折り込んでステッチする。
6 口をボンド(両面テープ)ではり、57ページを参考に口金をはめ込む。

本体 1枚

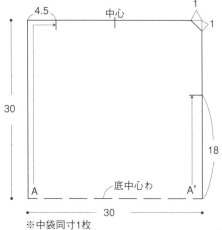

※中袋同寸1枚

内ポケット 1枚

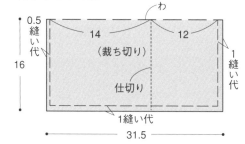

内ポケットの作り方

①

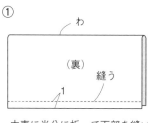

中表に半分に折って下部を縫い
表に返す

②

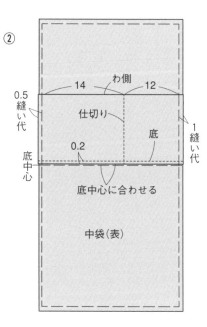

図のように中袋に重ね、
ポケット底側と仕切りを
ミシンステッチする

50%縮小型紙
※200%に拡大して使用してください

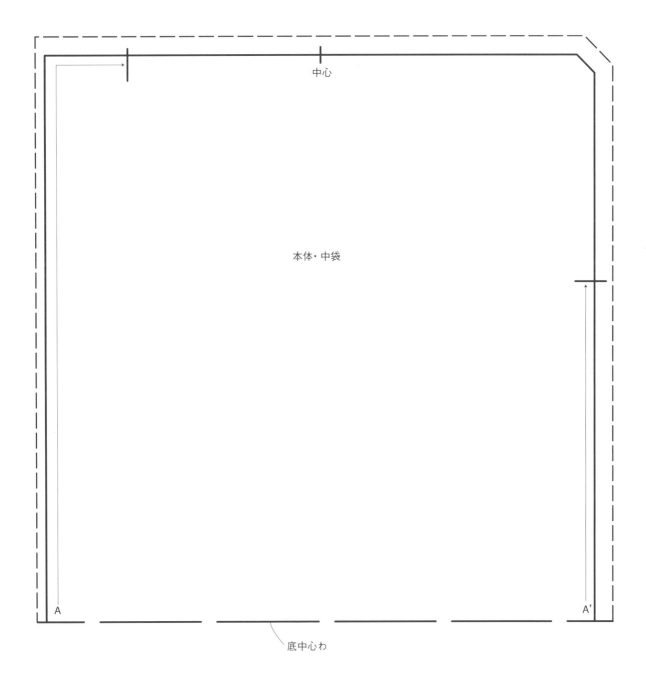

中心

本体・中袋

A

A'

底中心わ

P.58,59　ポーチ小・大

材料

小　本体用布30×15cm　中袋用布30×15cm
接着芯(中厚)30×15cm
口金幅9×3.9cm(F151／9cmくし型天溝押口)1個
スライサー(シールタイプ接着芯)適宜
大　本体用布40×20cm　中袋用布40×20cm
接着芯(中厚)40×20cm
口金幅12.6×5.5cm(F152／12.6cmくし型天溝押口)1個
スライサー(シールタイプ接着芯)適宜

出来上がり寸法

小9×11cm　大12×15cm

作り方のポイント

▶作り方は60ページ参照。

作り方

1　本体に接着芯をはり、中袋には接着芯をはらずにカットする。
2　本体2枚を中表に合わせて印から印までAを縫う。中袋も同様に縫う。
3　中袋に印を付けてスライサーをはる。
4　本体を表に返して中袋と中表に合わせ、B(B')を縫う。
5　表に返して形を整え、返し口をボンドではって折り、61ページを参考に口金をはめ込む。

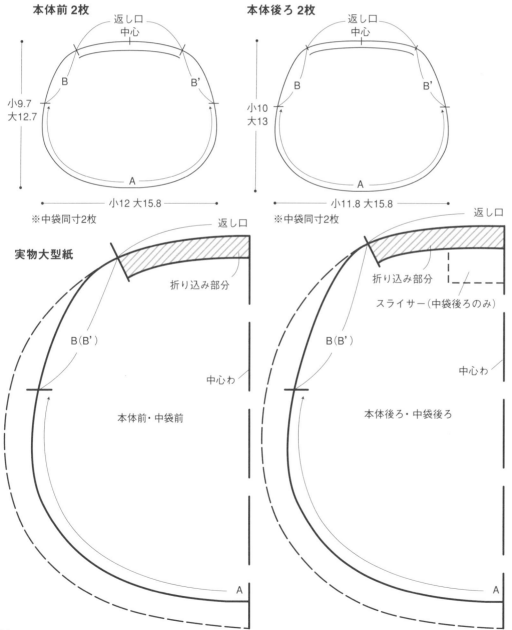

124

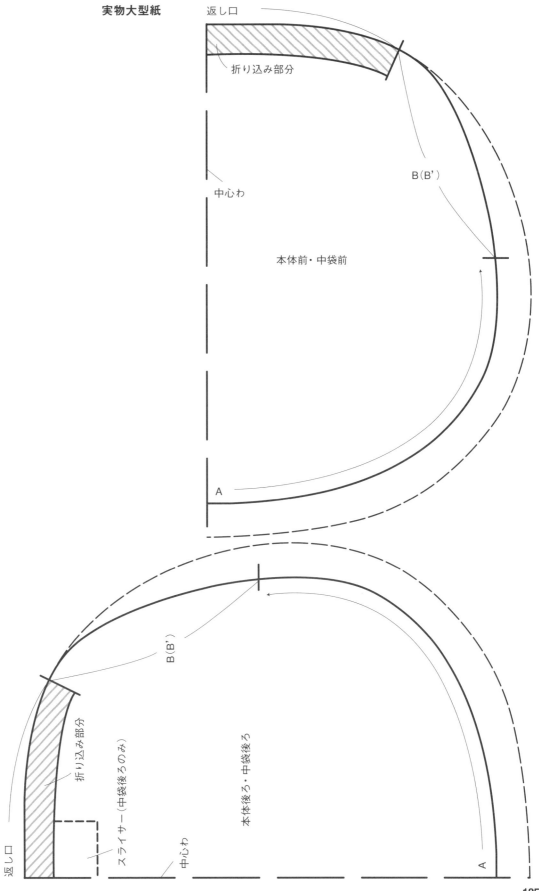

実物大型紙

返し口

折り込み部分

中心わ

本体前・中袋前

B（B'）

A

B（B'）

折り込み部分

スライサー（中袋後ろのみ）

返し口

中心わ

本体後ろ・中袋後ろ

A

P.62,63 三角のミニバッグと丸のミニバッグ

材料

本体用布65×25cm（底分含む）　中袋用布65×25cm
接着芯（中厚）65×25cm
口金幅12×7cm（F114／12cm台形丸型金手付持ち手サイズ直径8cm、F115／12cm台形三角金手付持ち手サイズ幅8×7cm）1個
紙ひも適宜

出来上がり寸法

15.5×13cm

作り方のポイント

▶作り方は16ページ参照。
▶縫い代はピンキングばさみでカットするか切り込みを入れて割る。

作り方

1　本体と底に接着芯をはり、中袋には接着芯をはらずにカットする。
2　本体2枚を中表に合わせて印から印までA(A')を縫う。
3　本体と底を中表に合わせて縫う。中袋も同様に縫う。
4　本体を表に返して中袋と中表に合わせ、B(B')を縫う。
5　表に返して形を整え、返し口をボンドではってタックを寄せる。
6　17ページを参考に口金をはめ込む。

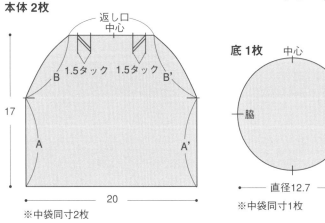

本体 2枚

返し口
中心
1.5タック　1.5タック
B　B'
A　A'
17
20
※中袋同寸2枚

底 1枚

中心
脇　脇
直径12.7
※中袋同寸1枚

作り方

① 本体（裏）
接着芯
出来上がり線

本体2枚の裏に接着芯をはる
底も同様にはる

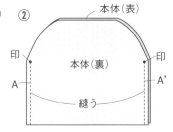

② 本体（表）
印　本体（裏）　印
A　A'
縫う

本体2枚を中表に合わせ、
印から印までA(A')を縫う
中袋も同様に縫う

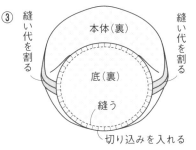

③ 縫い代を割る　縫い代を割る
本体（裏）
底（裏）
縫う
切り込みを入れる

縫い代を割り、底を中表に合わせて縫う
底の縫い代に1cm間隔で切り込みを入れる
中袋も同様に縫う

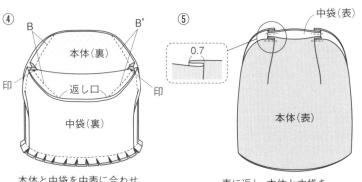

④ B　B'
本体（裏）
印　返し口　印
中袋（裏）

本体と中袋を中表に合わせ、
返し口を残してB(B')を縫う

⑤ 0.7
中袋（表）
本体（表）

表に返し、本体と中袋を
一緒にタックを寄せて仮留めする

⑥ 口金
本体（表）

表に返して口金をはめ込む

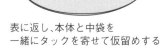

実物大型紙

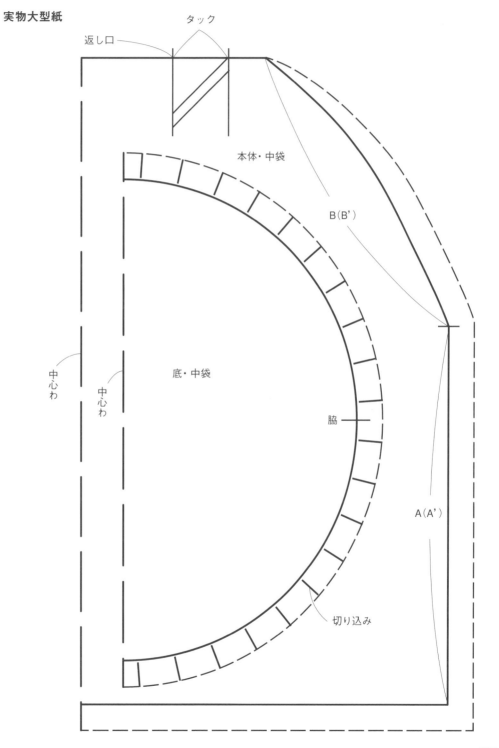

返し口

タック

本体・中袋

B（B'）

底・中袋

脇

中心わ

中心わ

A（A'）

切り込み

PROFILE

イシカワカオル（sova*）　Kaoru Ishikawa

建築、インテリア、家具デザインの勉強後、独学でバッグ製作を開始。現在は sova* として古い着物やヴィンテージファブリックを使い、古布の美しさを生かしたバッグやがま口などの小物をデザイン製作している。古いものが生まれ変わり、今につながっていくモノ作りを楽しんでいる。不定期でのオーダー展示会・展示販売、定期的にがま口レッスンを開催。カルチャーセンターの講師としても活動。

instagram:@sova_kaoru
http://www.sovasova.com

協力

株式会社角田商店
〒 111-0054
東京都台東区鳥越 2-14-10
tel 03-3863-6615
fax 03-3866-8365
http://www.towanny.com
※この本に掲載の口金は、すべて角田商店で購入できます。
https://www.tsunodaweb.shop

cocca（コッカ）
https://cocca.ne.jp
tel 06-6201-1550

UTUWA
〒 151-0051
東京都渋谷区千駄ヶ谷 3-50-11
明星ビルディング 1F
tel 03-6447-0070

本書に掲載されている作品は、お買い上げいただいたみなさまに個人で作って楽しんでいただくためのものです。作者に無断で展示・販売することはご遠慮ください。

STAFF

デザイン　橘川幹子

撮影　福井裕子

作図　為季法子

編集　恵中綾子（グラフィック社）

※本書は 2019 年 2 月発行『がま口を作る』に新しく作品と作り方を加えた増補新版です。

増補新版

がま口を作る
見てわかる　誰でもきれいに作れるコツと
定番からアレンジまでがま口バリエーション

2024 年 7 月 25 日　初版第 1 刷発行

著　者：イシカワカオル
発行者：津田淳子
発行所：株式会社グラフィック社
　　　　〒 102-0073
　　　　東京都千代田区九段北 1-14-17
　　　　tel　03-3263-4318（代表）
　　　　　　03-3263-4579（編集）
　　　　fax　03-3263-5297
　　　　https://www.graphicsha.co.jp

印刷製本　TOPPANクロレ株式会社